稼げる話術

鴨頭嘉人

宝島社

はじめに

ぼくには、人生の師と仰ぐコミュニケーションの達人がいます。マクドナルドでスーパーバイザー職をしていたときの上司、藤本孝博《ふじもとたかひろ》さんです。

マクドナルドで出会った当初から「ボス」と慕い、いまも尊敬するボスから言われた「言葉」が、炎の講演家・鴨頭嘉人《かもがしらよしひと》の土台になっていると言っても過言ではありません。

ぼくがマクドナルドの本社に勤務し、データ管理部の業務を担当していたときのことです。

高校を卒業し、マクドナルドではたらきはじめてから、ずっと現場ではたらいてきたぼくには、まったく向かない仕事でした。朝から晩までパソコンの画面と向かい合い、1日10件以上の会議をこなす毎日……。

そして、どの会議に出席しても、「鴨頭、おまえは間違っている」「おまえは何もわかっていない」と出席者全員に否定され続けます。どう身を処すればいいのかもわからず、ひとりデスクでパソコンに向かってもんもんとしていました。

そこへ、営業本部長だったボスがふらりと姿を現し、声をかけてくれたのです。

「嘉人、どうや?」

「いや……」

「本社の洗礼、受けたんか？」

「おれ、きついっすわ」

はじめて人前で、仕事がつらいことを口に出した瞬間でした。いままで、心の奥底でこそ、苦しい、つらいと思ったことは何度もありましたが、言葉にしたことはいちどたりともなかったのです。

「ええか、嘉人、世の中にはな、99対1になったとしても、その1が正しいこともあんねんぞ」

それだけ言って、ボスはその場から立ち去りました。ぼくは、自分の席で身じろぎもできず、人目をはばからずに泣きました。

「そうか……おれは間違っていなかったんだ……!!」

そして同時に、ボスにガツンと殴られた気がしました。

「やっぱり、自分を信じて仕事をしないとだめになる。大好きだったマクドナルドのことも嫌いになるし、仕事も嫌いになる。そして、自分も嫌いになる」

言葉数こそすくないものの、豊かなコミュニケーションの力によって救済され、一気に自分の世界が変わった瞬間でした。

「おれは間違っていなかった……」

そして、行動する勇気が湧き上がってきました。

ぼくの人生において、ボスのような上司と出会えたことはほんとうにラッキーでした。店長時代、赴任した先々で売り上げを伸ばし続け、

「おれがいれば、すべてうまくいく」と思い込み、ある意味、浮かれて調子にのっていた、ぼくの甘えた根性をたたき直してくれたのがボスでした。

ボスの言動をあらためてながめてみると、直接的な「言葉」だけではなく、普段から意識して、人やまわりの環境をつぶさに見る「観察力」、胸の内を読みとる「洞察力」など、すべての感覚を駆使しながら、まわりや部下とコミュニケーションをとっていることに気づかされました。

ぼくがボスから教わったのは、うわべだけなんかではない、本質的なコミュニケーションでした。

もちろん、コミュニケーションの基本となる「言葉」は大切です。

でも、そのまえに、相手に心を傾けて相手の話を聴くことこそがもっとも重要だとわかりました。

いままでぼくが現場で得たノウハウや培ってきたコミュニケーションのスキル、「伝達力」「聴く力」「洞察力」「承認力」などを本書には存分に詰め込みました。

そして、そのすべてのスキルを構築するベースは、相手を考える気持ち「マインド」（考え方、心の傾け方）にあります。

どれだけ話術のスキルを磨いても、気持ちがこもっていないコミュニケーションは、相手の心にけっして届きません。

これから紹介するスキルを理解し、自分のなかに取り込み、日常で実践することで、本物のコミュニケーション力を身につけてください。

「マインド」に裏打ちされた真のコミュニケーション力や話術は、あなたにとってほかの何物にも代えがたい「稼ぐ力」となるに違いありません。

かならずや、あなたのビジネス、社会生活、ひいては人生に役立つものになると信じています。

2021年3月

鴨頭 嘉人

稼げる話術　目次

第1章
仕事で最重要なのはコミュニケーション力

第2章 リモートワークのコミュニケーション術

第3章

対面のコミュニケーション術

第4章

パブリックスピーキングの伝える技術

第5章

稼げる人材を育成する話術

稼げる話術

第1章

仕事で最重要なのはコミュニケーション力

!!!

言葉の力で「稼ぐ」とは？

言葉によって「稼ぐ」とはどのような意味でしょうか。自分の思いや自分が提供しているサービスを人に伝えるためには、「言葉」を使って伝える以外に方法はありません。

さらに、ビジネスの現場では、「何を知っているのか」「何ができるか」よりも、「知っていることやできることを、正確に伝える」ことで期待値が高まり、対価が支払われます。

つまり、その人の「伝達力」がそのまま、売り上げや年収という「結果」につながります。

ある人が、ピアノを弾いていて、それがとても下手だったとします。それを見た人は、「あの人はピアノが下手な人なんだな」と評価します。ある人が、野球が下手であれば、まわりの人は「あの人は野球が下手な人なんだな」と評価します。

けれども、ある人が話し方が下手、つまり伝達力がなかったとしたらどうでしょうか。

「あの人は、仕事ができない人なんだ」という評価が下されてしまうのです。

事実だけを見れば、その人が「うまく伝えられない」だけ。これがビジネスの現場で起きている現実です。伝達力には、「その人の全体評価に影響する」という特徴があるのです。

あなたのまわりに、「あの人、何言っているかわからないけど、いっしょにはたらきたい！」と思う人はいますか？

あなたのまわりに、「あの人、何言っているかわからないけど、この人からなら商品を買いたい！」と思わせてくれる人はいるでしょうか？

きっと、ひとりもいないと思います。


ＩＴ系企業、飲食店、管理職、経営者、営業職など、どの職種、どの役職であっても、コミュニケーション力は必要不可欠なスキルです。

お客さま、営業先、職場の同僚と会話をするとき、仕事の進捗、売り上げなど、すべての場面でコミュニケーション力が密接に関係することを実感なさっているのではないでしょうか。


その一方で、会社や現場でコミュニケーションを円滑に営むことができない、うまく意思疎通ができないといった悩みが世の中から尽きることはありません。

だからぼくは、みなさんに伝達力を身につけてほしいのです。

ただ、正しく身につけないと、伝達力は諸刃《もろは》の剣《つるぎ》になります。相手に何も伝わっていない場合、伝達力「ゼロ」ではすまされずに、ゼロどころか、マイナスの結果を生むケースもあるからです。

たとえば、部下の成績を伸ばしたくて上司が叱咤激励《しったげきれい》をした。その後、部下はがんばったものの成績が上がらない。上司の言動がむしろ重荷になり、部下は体調を崩して会社を休みがちになる。

やがて、心までも壊れて会社にこられなくなる。これは、伝達力がゼロを通りこして、マイナスにはたらいた結果です。

伝達力を正しく身につければ、このような事態を未然に防ぐことができます。それどころか、これ以上ない最高のコミュニケーション力として、あなたの強い武器になるはずです。

伝える力は「聴く力」

一般的に相手の話を「聴く」というアクションは、「受け身」だと認識されています。

これからは従来の考えを捨て、「聴く」というのは、主体的なアクションだと認識してください。

自発的な「聴く」とは、すごく簡単に言うと、耳から情報を入れるのではなく、「全身で聴く」こと。

つまり、**心を尽くして目も使い、ほかの感覚もフルに稼働して全力で受け取る聴き方**。そのことをここでは**「聴く力」**といいます。

もし、あなたが男性で既婚者であれば、奥さまとの関係もよくなるはずです。

いま日本では、1年間で3組にひと組が離婚するといわれています。時間にして1分49秒にひと組です。

この離婚の根本的な問題はすべて「聴く力」に由来するものです。

もっと言うと、

「だんなさんが奥さまの話を聴いていない」

ことが原因です。

奥さまの不満が、積もりに積もって、

「ほんとうにこの人、何回言っても私の話を聴いていない。この人、私に興味ないんだわ」

ぐらいの限界に達したとき、だいたいだんなさんのほうが、金か女でやらかします。

それが最後の決め手となってゴール（離婚）が決まる。

でも、ゴールする前のパス回し（下地づくり）を担っているのは「聴く力」なのです。

それぐらい、対人関係で「聴く力」は大切になってきます。1対1の夫婦であっても、1対100の講演会であっても、等しく「聴く力」が重要です。つまり、人間関係のベースは「聴く力」です。

あなたの「聴く力」が高まれば、会社の上司や部下、取引先、商談相手、すべての人間関係が良好になります。

!!!

男性は「聴く力」が決定的に弱い

男性と女性で比較すると、女性のほうが周囲とコミュニケーションをとることに長《た》けています。

「産む性」である女性の場合、生来的にまわりと何かしらの関係を築かないかぎり、女性性（思考と行動における女としての性質）をまっとうすることはできません。

なぜなら、たったひとりで子どもをつくって、たったひとりで子どもを産んで、たったひとりでその子どもを死なせないように育てることなど不可能だからです。

まわりと関係を築かないと、それだけで女性性をまっとうできないように生まれついているのです。

だから生来的に、共感し、相手の話を受け入れる能力が女性には備わっています。

女性で共感したり、相手を受け入れたりする力に乏しい人は、女性として、せっかく備わった能力を使っていない状態なのかもしれません。

反対に、男性はコミュニケーション能力がもともと欠けているのです。

コミュニケーション能力は圧倒的に女性のほうが高いのに対し、男性は「激低《げきひく》」といえます。

男性はもともとのコミュニケーション能力が低いのだから、高めるよう努力する必要があります。

大昔は、男性のコミュニケーション能力が低かったとしても、さして問題ではありませんでした。

原始時代の男性は、男性性（思考と行動における男としての性質）をまっとうするために、ただ獲物をとってくればよかった。体力が高ければ、男性としての価値があったのです。

でも、現代社会で、男性が獲物をとってくることはありません。体力で男性性をしっかりまっとうできず、男性としての役割をはたすことができない。

では、どうやって役割をはたすのか？
答えは、お金を稼ぐということです。
お金を稼ぐときに、男性もコミュニケーション能力が必要になってきたのです。

世の中にたったひとりで、お金を稼げる人はいません。お客さまに無言のまま、モノを売ることなどありえないし、会社で上司や同僚や部下に、無言のうちに意思を伝えられる人もまずいないでしょう。

現代社会において男性は、コミュニケーション能力を身につけなければならない必要に迫られているわけです。

男性は努力して「伝達力」を上げるほかない。

もともと適性はないものの、現代ではやるしかないのです。その最たるものが「聴く力」です。

現代社会で生き抜くために、男性は自発的に「伝達力」を身につけるよう努力しなければならないのです。

!!!

「自分の願望」だけを伝えるな

ぼくは、すべての人が、自分自身を幸せにするために生きていると思っています。でも、伝達力を学ぶときに、自分の願望だけをそのまま伝えると、むしろ相手は受け取りにくくなることが多くなります。

会社の経営にも同様のことが言えます。たとえば、経営者が頭のなかで考えている最重要の問題というのは、「キャッシュアウトをしない（企業の現金を減らさない）こと」。

当たりまえですが、キャッシュアウトしたら最終的に会社は潰れてしまいます。そのことを会社のだれよりも、経営者は考えているのです。

このメッセージを社員に伝えようとするとき、朝礼で「いいか、キャッシュアウトをさせるんじゃないぞ」と話したとしても、けっして社員はがんばることができません。

自分の願望をそのまま伝えるだけでは、他者には何も伝わらないということです。社員にどのように伝えたら、受け取りやすいかというのを意識することが重要です。

一方、「みんなはお客さまに毎日、感謝されたいと思わないか?」と話せば、社員はがんばることができます。この工夫こそが、相手の立場に立ったコミュニケーションです。

普段、経営者は、「キャッシュアウトをしないように、どうやったらうちの社員が気持ちよくはたらけるだろうか?」と考えています。あくまでも、出発点は自分の願望でかまいません。

だれしも、自分が幸せになるために話してかまわないし、自分が幸せになるために表現をしてもいい。

でも、そのときに思い出してほしいのです。「相手の立場を考えないと、相手の人は受け取りづらい」と。

たとえば、近くの人に何のまえぶれもなく豪速球を投げつけたら、相手はキャッチしようがありません。

あくまでも、ボールを渡したいと思ったのは話し手。受け取ってほしいと思ったのも話し手。

だから、聴き手が受け取りやすいように、

「山田、行くよ」――名前を呼ぶ、目線を合わせる、笑顔をつくる。

「下から行くよ」――ていねいに説明する。

「『せーの』と言うから、受けとめてね」――思いを込めて、再度ていねいに説明する。

そして、「せーの」で、相手にボールを投げる。

相手の立場を考えてコミュニケーションをとることだけは、つねに忘れないよう心がけてください。

!!!

言葉よりも先に「表情」が伝わる

お客さまや同僚と、より円滑なコミュニケーションをとるために、「うまくしゃべりたい」と思うことは自然な流れです。

しかし多くの人は、話す内容や表現方法ばかりに目を向けて、「自分がどんな表情をしているのか」ということに、ほとんどと言ってもいいぐらい意識が向いていません。

会社であれば、社内の雰囲気が明るいか暗いかは、すべて社長の表情で決まります。

社長がいつも怒っていれば、かならず暗い会社になる。

社長がどんなときでも笑っていれば、雰囲気のいい前向きな会社になるわけです。

そのぐらい、私たちは「表情」で表現をしています。

会社組織というものは、上の役職から順に影響力を持っています。

新入社員が、どんなに笑顔で接客していても、トップである社長の顔が暗かったとしたら、会社の雰囲気はどんどん悪くなっていくでしょう。

これからは、毎日、自分の表情を鏡でチェックして、改善できるよう心がけてください。

表情で言葉を補足すれば、格段に伝達力がアップするからです。

稼げる話術

第2章

リモートワークのコミュニケーション術

!!!

リモートでわかった認識の食い違い

コロナ禍でリモートワークを導入する企業が増え、オンラインコミュニケーションをとる機会が増えたいま、世の中の上司たちが困惑しはじめています。

「自分の言葉が部下にまったく伝わっていない」

という事実を知ったからです。

さらにその事実は、対面ではなくオンラインでのコミュニケーションによって起こった弊害ではありませんでした。

対面でコミュニケーションをとっていたときから、自分の言葉は部下に伝わっていなかったということがわかったのです。

つまり、コミュニケーションがオフラインからオンラインに切り替わったことで、いままで見えていなかった問題が目に見えるかたちで浮かび上がってきたのです。

たとえば、リアルなコミュニケーションで、目のまえの部下に向かって上司がこう言ったとします。

「君は書類の確認をちゃんとダブルチェックしていないから、ミスをすることがあるよね。ちゃんと自分でダブルチェックしてから書類を出すようにさえすれば、無駄な作業が減って、組織としても、ちゃんと目標を達成できるんだ。わかっているか？」

おそらく、目のまえにいる部下は、「はい、わかりました」と答えるでしょう。

これがオフラインのコミュニケーションではなく、上司がＬＩＮＥやメールで指摘をしたとしましょう。

『君の書類をチェックしたが、またミスが発見された。何度も言っているように、自分でダブルチェックをしてから書類を出すようにすれば、このようなミスを繰り返さないはずだ。そのほうがチームにとっても、きちんとした結果に結びつくから改善してほしい』

この文章を送られた部下は、どんな気持ちになって、どんな返事をするでしょう。

『なるほど、わかりました』とは、絶対に打ちません。

打つとするなら、『たいへん申し訳ございません』もしくは『いえ、ダブルチェックをして提出いたしました』のいずれかです。

この返信を見たとき、上司は大きなショックを受けます。「たいへん申し訳ございません」の回答の場合、「ダブルチェックをするように」という以前から繰り返し伝えている指示が伝わっていないことを意味します。「いえ、ダブルチェックをして提出いたしました」の回答の場合、改善に向かう手立てが見えません。

自分の言葉が部下にぜんぜん伝わっていないことを、はじめて目の当たりにするからです。

実際にはリアルなコミュニケーションのときから、もともとすれ違っていたということです。

部下は上司が目のまえにいると、あたかも素直であるように体裁を整えます。それに上司がごまかされて、いままで気づくことができなかった。

でも、オンラインのコミュニケーションとなり、文字を介して意思疎通をすることで、おたがいにごまかしがきかない状況に置かれるので、部下が率直な反応をすると、自分の言葉が伝わっていないことに上司がはじめて気づかされるのです。

見方によっては上司にとって不幸なことですが、コミュニケーションを本質的に改善できると考えれば、じつによいきっかけになるのではないでしょうか。

本来、問題ではあるものの隠れていたことが、メール、メッセンジャー、LINEなどのオンラインコミュニケーションにより可視化された。

それにより、おたがいに伝わっていないことを認識できたので改善しなければならない。

つまり、課題の先送りができなくなりました。

これが、コロナ禍で起こった「オンラインコミュニケーションは難しい」という問題の本質です。

!!!

言葉が足りないと伝わらない

リアルでのコミュニケーションと違い、オンラインでのコミュニケーションでは、相手の表情や体の動きなど表現を認識しづらいという欠点があります。

たとえば、リアルなコミュニケーションで、上司と部下がこのようなやりとりをしたとします。

「今回は『A』のプランではなく、『B』のプランでやってくれ」

「はい」

この部下の「はい」ひとつとっても、確信に満ちた「はい」というニュアンスを、表情、うなずき方、体の動きから上司は感じ取ることができます。

逆に自信のない「はい？」は、すこし語尾が上がる、首をひねる、けげんな表情を浮かべるといったボディーランゲージで、上司はおのずと感じ取れる。

リアルなコミュニケーションでは視覚情報から部下の「はい」を、苦もなく2種類に分別することができます。

ところが、オンラインのコミュニケーション、リモートワークになると、「はい」のニュアンスがひとつの意味にしか判別できなくなります。つまり、「OK」という意思表示です。

相手の表情や行動を視覚情報から認識することで、リアルなコミュニケーションでは、同じ「はい」という回答であっても、理解したか、疑問があるか、不信感を持っているかなど、感情のグラデーションを感じ取ることができます。

それが、オンラインコミュニケーションに変わると、「答えはひとつ」と錯覚してしまう。

だから、誤解が生じやすくなるわけです。

では、どのようにその限界を乗り越えるか。それは、相手に「イエス・ノー」のひと言で答えさせない聴き方をすることです。

相手が自分の考えをきちんと言語化できるよう具体的に聴く。

視覚情報がなくてもコミュニケーションの不具合が生じないように、「ていねいに」言語化する。

相手が納得しているのか、不安なのか、理解したのか、積極的にやりたいのか、それが明確化するように意識してコミュニケーションをとりましょう。

先ほどの例を「ていねいに」言語化すると、このようになります。

『今回は［A］のプランではなく、［B］のプランで行こうと私は思っている。君だったら、［A］のプランのメリット・デメリット、［B］のプランのメリット・デメリットをどのように整理していくか、考えをまずは聴かせてほしい』

部下からこのような返信がきました。

『ぼくの考えも［B］です。なぜなら、メリットよりも、デメリットのほうが小さく、明らかにB案のほうがスムーズに進むと思うからです』

この返信だと、部下は「納得しているな」というのがわかります。

『ぼくは［A］だと思いましたが、部長が［B］だとおっしゃるなら、［B］もありかと思います』

この返信だと、部下に伝わっていないことがわかるので、「すこし補足説明が必要だな」と判断することができます。このように、相手にしっかり言葉にさせる工夫が必要になります。

オンラインのコミュニケーションで視覚情報が不足しているぶん、部下から言葉を多く引き出さないかぎり、コミュニケーションのミスを減らすことはできません。

そのことを意識的におこなう創意工夫が、オンラインコミュニケーションの限界を超えるうえで、もっとも大切なポイントだと考えています。

!!!

リモートだからこそできる人材育成

各メディアの報道によると、テレワークは出社時と比べて約8割の生産性しかないそうです。

まわりの人の目がない在宅勤務では、ついついサボりがちになってしまうとは思いますが、本質は別のところにあると考えています。

コミュニケーションが減ったら、生産性が下がり、「コミュニケーションギャップ」が発生する確率が上がります。

結果として、利益がダウンしたり、売り上げが伸び悩んだり、クレームが増えたりするというリスクが高まります。

企業のサービスや商品はすべて、社員によって生み出されます。

人間は「ムラ」がある動物です。プラスのムラもあれば、マイナスのムラもある。

本来、いままでの力だとできなかったことが、プラスのムラが生じて、

「どうして彼がこんなパフォーマンスを発揮できたんだろう」

と言われるほどの奇跡的な成果をあげることもあります。

反対に昨日まで堅実な仕事をしていた社員が、たったひとつの出来事や、不用意な上司のひと言によって心が折れ、急に成果が出なくなることもある。

このように、人間にはプラスとマイナスのムラがあるわけです。

そのムラをつかさどる一番の要素が、コミュニケーションです。

たとえば、アスリートがいままで更新できなかった自己記録を塗り替えるきっかけは、コーチの言葉に触れたときや、新しいコーチに変わったとき。

突然、その選手の能力が上がったわけではなくて、コミュニケーションによって潜在的な能力が引き出されるのです。

こうした事例は、アスリートだけに起こる特別な現象ではなく、通常の組織における社員などにもまったく同じことが当てはまります。

コミュニケーションがプラスにはたらけば成績はよくなり、コミュニケーションがマイナスにはたらけば成績が悪くなる。これは、人間がムラのある動物である以上、自然に起こる現象です。

企業の最重要課題は、生産性を上げることなので、テレワークで生産性が落ちたことをけっして見逃すべきではありません。

テレワークだからこそ生産性が上がるという新しい仕組みをつくらないと、アフターコロナ時代はますます苦しくなります。

たとえばその仕組みとは、コミュニケーションのプランニングやフォーマット化です。

理想としては、テレワークのコミュニケーションをフォーマット化することで、自然とコミュニケーションの要諦（肝心な点）を理解できる部下を育てることができます。

テレワークの期間中にも、リモートワークで報告などのコミュニケーションスキルが鍛えられていれば、この「ウィズコロナ時代」を乗り越えることができるでしょう。

そして、「アフターコロナ時代」の生産性の向上にもつながります。社員や組織全体のコミュニケーションを鍛えるタイミングはいまであると前向きにとらえるべきです。

コミュニケーションスキルのトレーニングは、オンラインのほうがやりやすく、オフラインのほうがやりづらいのです。オンラインだと仕組み化しやすく、明らかに上司にとって「楽」なはずです。

報告ひとつとっても、フォーマット化すれば、「無駄」と「漏れ」がなくなり、全員が同じレベルで上達できるようになります。

!!!

オンラインで徹底できる「報・連・相」

ほかにもリモートだからこそできる工夫は、たくさんあります。たとえば、リアル・コミュニケーションの現場で、定着しづらかった日報の提出は、とてもやりやすくなります。

日報を「口頭で報告すればいい」と考えている部下に、上司が「日報を上げろ」と言っても、「めんどうくさいな」と毛嫌いされて定着しません。

ところが、オンラインコミュニケーションだと、「日報を上げろ」と言われたら、部下が日報を上げないと、仕事をしていないことになります。

いままで日報を上げさせたいけど、なかなか定着しなかった会社には、

「リモートワーク」はまたとないチャンスです。「報(告)・連(絡)・相(談)」のトレーニングは、オンラインのほうが数倍やりやすいはずです。

たとえば、「17時45分までに、日報を上げなさい」と部下に指示をしたとしましょう。

すると、時間どおりに送らなければ、上司との約束を自分が破ったことになります。

リアルなコミュニケーションの場合は、部下が17時45分に報告しようとしたら、上司がたまたまその場にいなかった、上司が忙しそうにしていた、上司が不機嫌そうだった、という言い訳の余地があります。

しかし、リモートワークの場合は、相手が受け取れる状態であろうが、受け取れない状態であろうが、かまわず送らなければなりません。しかも、通信時刻の履歴までしっかりと残ります。

部下が「報・連・相」をはたしたか、それが何時何分か、約束を守れたかなど、すべてが可視化されます。

だから、リモートワークのときのほうが、上司は部下とのコミュニケーションが目に見えて「楽」になります。

つまり、コミュニケーションがシステム化される世界が「リモートワーク」です。いままであいまいだったものが、あいまいにできなくなるわけです。

会議の時間ひとつとっても、その傾向があらわれます。たとえば、オンラインミーティングサービス「Ｚｏｏｍ《ズーム》」でオンライン会議をすると、時間に対する意識がオフラインのときより上がります。

リアルなコミュニケーションの場合は、本来の会議終了時間がオーバーしていても、その場にいる上司の声が大きかったり、その場の雰囲気が硬かったりすると、部下の立場としては言い出せないことが多い。

「Ｚｏｏｍ」の場合は、何時から何時までがミーティングと明確にしておく必要があります。

終了時間になると、Ｚｏｏｍの画面に時間が表示される仕組みをあらかじめ組んでおけば、おたがいに時間を意識せざるをえません。

このように、おたがいに相手が約束を破ったことについて、可視化できるのがオンラインコミュニケーションの強みです。

そういう意味で、コミュニケーションの生産性を上げる仕組みを取り入れられるのが「リモートワーク」です。

コミュニケーションの生産性の改善は、ぜひリモートワークで実践しましょう。

また、管理職の方は、メールなどで部下を褒めたときに、部下がその画面をスクショ（スクリーンショットの略。画像のキャプチャー）することをイメージして送ってください。

ぼくはそれを、日頃から意識しています。

「きっと、このコメントを部下はスクショするだろうな」

と思って送っています。こういうイメージを持つことは、オンラインコミュニケーションでじつに大事だと考えています。

逆に言うと、ネガティブなコメントもスクショされると覚悟するべきでしょう。もし、部下とのやりとりをスクショされて社長に送られたとしたら、自分がどんな窮地に立たされるかまでしっかりイメージして、責任を持って文書を送りましょう。

ポジティブでもネガティブでも、つねにこの画面はスクショされるかもしれないという意識を持って、部下とやりとりをしましょう。

!!!

オンラインでできる「伝達力」のトレーニング

話し手のメッセージはリモートで相手に伝わりやすくなるか、伝わりづらくなるかというと、言うまでもなく伝わりづらくなります。

環境と距離感が変わるからです。

リアルな会議やリアルなセミナーの場合、聴き手は話し手と同じ空間にいます。

その環境に置かれることで、聴き手には、リアルタイムで話し手から聴く態度や、真剣に聴いているかを見られているという意識がはたらきます。

この「意識的に聴く」というパワーがオフラインではたらきますが、オンラインになった瞬間、聴き手は「無責任状態」になります。

とくに顔を出さないで会議やセミナーに参加している場合は顕著です。

リアルの会議やセミナーで、目のまえにいる人に対して「うん、うん」と大きくうなずきながら、たまに話し手と目が合うような状態で聴いている聴き手を目のまえにする場合と、無責任な状態で聞いている聴き手を目のまえにする場合とでは、大きな違いがあることを話し手は知っておくべきです。

たとえば、ぼくの場合、リモートだと、届くエネルギーはリアルのときの5分の1になるという「意識」で、セミナーに臨んでいます。

たとえて言うなら、目のまえにいる人に話すボリュームが目盛り「2」で届くとしたら、リモートで聴いている人には5倍の目盛り「10」のボリユームまで持っていかないと届かない。

実際に、声の大きさを5倍にするわけではありませんが、意識的に5倍は大きくするつもりで話さないと、相手までエネルギーが届かないということです。

自分の手の動き、体の動き、表情の動き、声の張りなど、すべての意識を、リアルの会議やセミナーの5倍に強化しないと届かないという前提でしゃべります。

つまり、大げさにしゃべらなければ、相手にそのエネルギーは届きません。

リアルでもリモートでも、言葉の「量」そのものは変わりません。違いは表情や体の動き――すなわち「デリバリー（表現）」にあります。

一般的に人間は目のまえの人に語りかけるようにして話します。

そのような認識がある以上、目のまえにあるものがパソコンの画面、スマートフォン、カメラだと、目のまえに「人」がいる感覚にはけっしてなれません。

必然的に、しゃべり方が知らずしらずのうちに「棒読み」になり、話している本人のエネルギーが小さくなります。

講演家であるぼくの経験から言うと、話し手は、聴き手にエネルギーを奪われるわけではありません。

じつは、聴き手からエネルギーを受け取りながらしゃべっているのです。

たとえば、ぼくは目のまえに人がいるセミナーであれば、2時間であろうが3時間であろうが、最初から最後までエネルギッシュに、声のトーンを落とすことなくしゃべり続けることができます。

でも、同じ3時間であっても、DVDの撮影用にスタジオにこもり、カメラマンと1対1で3時間しゃべろうとすると、1時間しゃべり終わったタイミングで休憩したくなります。

目のまえに聴き手がいないとエネルギー切れになってしまうからです。ぼくは目のまえに人がいると、聴き手の反応を見ながら、聴き手からエネルギーを受け取って、あたかもエネルギーを循環させるようにしゃべっているのです。

今後、リモートでセミナーや会議をする場合は、自分のエネルギー量が5分の1程度に減ってしまうことを織り込んだうえで話してください。

!!!

「聴く力」をアップさせるトレーニング

自分の顔を出して、「Ｚｏｏｍ」で会議に参加している、「Ｚｏｏｍ」でセミナーを聴いているといった場合は、自分に対するカメラの画角を意識することが重要です。

たとえば、一般的には「Ｚｏｏｍ」で参加している場合、「バストアップ」で自分の顔も話し手側の画面に映っていることがほとんどです。参加人数が多くなればなるほど、自分の映像はサイズが小さくなります。

その小さい画面のなかで、自分がしっかり話し手の話を聴いていることを伝えるためには、体で表現する必要があります。

首を大きく縦に振ったり、手をたたいたり、親指を立てて「いいね！」のポーズをしたり、体を大きくのけぞらせたりしながら、「聴いているよ」ということを全力で伝えます。

表情で表現するのではなく、体全体で話し手に、「きちんと受け取っている」ことを積極的に伝えていく必要があるのです。

目のまえで直接話を聴くときには、まばたきひとつで「しっかり聴いている」ことを話し手に伝えることができます。

しかし、リモートでは、まばたきしただけでは、話し手には伝わらないからです。

より「積極的に聴く」という意識で全身を使って話を聴かないかぎり、リモートでの話し手と聴き手のキャッチボールは起こりえません。

「Ｚｏｏｍ」などで会議やセミナーを聴く機会があったら、**話し手の話を聴くだけではなく、自分自身がその小さな画面のなかで、どれくらい体を**

動かしたら話し手にエネルギーが届くかどうかを、客観的に検証してください。

これができれば、リアルなコミュニケーションでも聴き上手になれます。リアルなコミュニケーションでも、大きな相づちや体の動きが、話し手に届くエネルギーになって、それが相手への「プレゼント」になるからです。

日常生活（オフライン）では、自分が相手の話を聴くとき、どの程度、体を動かしているか、反応しているか、エネルギーを送ることができているかについては、自分の目で確認することができません。

ところが「Ｚｏｏｍ」を使うと、自分が相手の話を聴いているときに、どのような体の動きをしているか、客観的に確認することができます。

会議やセミナーに「Ｚｏｏｍ」などで参加するときは、話し手だけではなく、自分の姿を自分の目で積極的に確認してみてください。

!!!

オンライン商談で成約率がアップ

ぼくは1対1の対面営業の場合、リアルよりもリモートのほうが成約率は高まると思っています。

なぜなら、たいていの場合、セールスマンはしゃべりすぎているからです。

目のまえにお客さまがいると、自分が扱っている商品やサービスを、お客さまに知ってもらいたい気持ちがどうしても過剰になってしまいます。

しかし、成約率の高いトップセールスマンは、お客さまに多くしゃべらせています。

理屈ではわかり、そのことを知識として知っていたとしても、リアル営業でお客さまを目のまえにすると、多くのセールスマンは必要以上にしゃべってしまうのです。

たとえばオンラインの「Ｚｏｏｍ」や「Ｓｋｙｐｅ《スカイプ》」などで、お客さまと自分を客観的に見られる環境だと、自分がしゃべりすぎた場合は、明らかにお客さまの表情が硬くなるのがわかります。

オンラインだと自分がしゃべりすぎていることを客観視できるので、リアルのときよりも自分で気づきやすくなります。

これまで、うまく成約率が上がらない、製品やサービスのよさを十分に伝えきれないと思っていた方はチャンスです。オンライン営業であれば、きっとあなたの力を発揮できます。

とにかく、**「お客さまに多くを語らせる」――それが営業の極意です。**

対面営業のときに、お客さまの答えを待つあいだの沈黙と、「Ｚｏｏｍ」や「Ｓｋｙｐｅ」でお客さまの「無言」を待つ沈黙とでは、リアルな対面営業のほうが、すぐさま間《ま》を埋めてしまう傾向が強いのです。

たとえば、オンライン営業でお客さまに質問を投げかけたとします。

「どんなところが、まだ一歩ふみ出せない原因でしょうか？」

お客さまが、なかなか答えが見つけられないとき、セールスマンは思い切って、画面のなかで目を閉じて、口角を上げて、「うん、うん」と大きくうなずく。

そして、じっくりとお客さまが口を開くのを待ってみましょう。

次にがんばって意思表示するのは、お客さまの番だからです。

対面営業は、お客さまといつでもキャッチボールができる環境にあります。

だから、間があるとついセールスマンが焦りをおぼえて、その間を埋めにいこうとしてしまいます。

オンラインのコミュニケーションを、スポーツにたとえるなら「野球」です。

どちらが攻撃で、どちらが守備か、攻守がはっきりしています。つまり、守備と攻撃が変わるタイミングが明確なわけです。

オフラインのリアルなコミュニケーションは「サッカー」です。

つねに、どちらかが攻撃したり、防御したり、攻守のタイミングが瞬時に変わります。

このように考えると、攻撃と防御が明確にわかるオンラインのほうが、お客さまの考えをじっくりと待って引き出すことができます。

「待つ」――それこそが、成約率を高める奥義《おうぎ》なのです。

また、オンライン営業の場合、商談の様子を録画して、あとから見返すことができます。

オフラインの対面営業では、ビデオカメラで隠し撮りでもしないかぎり、自分を客観視することはできません。

いまこそ、「Ｚｏｏｍ」や「Ｓｋｙｐｅ」のようなリモート営業ツールを、ふんだんに使うべきです。

コロナ禍が終わったあと、対面営業で成約率が数倍になるように、たくさんの営業機会をゲットしてください。

稼げる話術

第3章

対面のコミュニケーション術

!!!

人はメリットで動く

本章ではビジネスの現場における「対面のコミュニケーション術」について、具体的に例を挙げながら説明していきたいと思います。

いくら、「伝える技術」について知識を身につけたとしても、実践の場で行動に移すことができないかぎり、けっして実利には結びつかないからです。

ビジネスの世界では、前述のとおり伝達力こそが「稼ぐ」ということに直結します。交渉相手にメッセージをうまく伝達することができれば成約につながり、上司の考えを部下に対して確実に伝えることができればチームの成果につながります。

このようなビジネスの現場で、実利につながるシチュエーションを想定した具体的な方法を紹介していきます。

まずは、交渉事の鍵を握るプレゼンテーション（以下プレゼン）の実践的な伝える技術を紹介します。

プレゼンで説得力を増すには、「相手のメリットを話す、伝える」ことが大前提になります。

①「顧客へのメリットと評判」

提供するサービスを利用することによって、顧客にどんなメリットがあるのかを明確にしましょう。また、ほかの顧客からの評判も加えましょう。それによりプレゼンターの主観だけではなく、客観的な視点を加えることができます。

②「会社の決裁に必要な数字」

大きな組織ほど、決裁権は経営陣が持っています。あなたがプレゼンをしている相手は、あなたのプレゼン内容を会社に持ち帰り、決裁者に伝えます。

理論、感情、状況というのは伝言ゲームのようで、正しくは伝わらないものです。でも、数字で「365」と言ったら、だれが聞いても「365」にほかなりません。だから、**明確な数字で伝えるという工夫がポイントなのです。**

③「決裁者のメリット」

これが超重要です。人事部を決裁者と仮定して、決裁者のメリットをプレゼン内容に加えた例を紹介します。

「本年度、人事部から発令された『人事２０２９』にありました『新しい人材の登用とチャレンジの機会の創出』というテーマに沿って、このプロジェクトを進めたことが、成果が出た最大の要因だったと感じています。つまり、このプロジェクトでは、カスタマー（顧客）からの信頼度アンケートがプラス2ポイント、計上利益の改善率が０・２％の獲得。それだけではなく、新しい人材の成長というわが社の未来に対して、大きなリターンを獲得したという意味でも、期待以上の成果が報告できたということを心からうれしく思います。このようなチャンスをいただけたことを心より感謝申し上げます」

このようなフレーズをまとめて入れるということです。

「お客さまからの信頼度がアンケート調査で2ポイント、アップし、会社の利益率の改善が０・２％あった」という数字的な結果だけではなかった。決裁者の人事部が掲げている「新しい人材の登用とチャレンジの機会の創出」というテーマに沿ったから、このようなことができた。

つまり、「会社の未来に対してインパクトを与えることができたんだ」というふうにプレゼンすると、決裁者（人事部）のメリットになるのです。

決裁者がそのことを経営陣に上げたとき、あなたの評価が上がるだけではなく、人事担当者の評価も上がるように、あなたが先回りしてプレゼンするということです。

そのようにポイントを押さえてプレゼンすると、提案はほぼ通るようになります。

この3つの柱をつねにプレゼンのなかに入れたうえで、発表するよう心がけてください。

このプレゼンを自由自在に実践できるようになったら、とんとん拍子に出世することは間違いありません。ぼくはマクドナルドのとき、このやり方ばかりを実践していました。

とくに3番目のプレゼン方法は、ぼくのボスだったマクドナルドの営業本部長・藤本さんから教わりました。

「決裁者のメリットを入れないプレゼンなんてプレゼンやない。ええか、決裁者は人間なんやで」

と教わり、まさしくそのとおりということを実感しました。

人間はメリットに対してしか、けっして動くことがありません。だからこそ、相手にメリットを「プレゼント」する。これこそがプレゼンテーションの極意なのです。

!!!

数値化こそが最重要

自分の考えている志や夢のレベルが高い、また自分が成し遂げようとしている案件の「ターム」（時間的な間隔）が長い場合は、だれかの力を借りなければ成し遂げられないケースがほとんどです。

このときに、もっとも大事な交渉事のスキルは、相手のメリットを明確に「言語化」することです。

多くの場合が、うかつにも「自分のメリット」を口にしてしまいがちです。

「御社の資産を○%出していただければ、うちのプロジェクトが前に進みます。なんとかお願いできないでしょうか？」と交渉をする。

相手の反応は、「ちょっと、掛け合ってはみるけど……」といったぐあいに鈍くなる。

相手の力を借りる、つまり命の時間や資産、権力などを使うことになるので、先に相手のメリットをしっかり提示することが成功への鍵です。

では、どのように提示するかというと、自分が差し出したものに対して、相手にどれだけリターンがあるのかを「言語化」します。

たとえば、食品会社を例にしてみましょう。

「御社から今回のプロジェクトに対して、1口100万円の寄付をしていただければ、現在、食品会社でナンバーワンのブランドイメージを持つ○○○社と並ぶか、それ以上のブランドイメージになるという試算があります」

するると、「お金を100万円出しただけでブランドイメージが上がるのなら、それは大きな価値があるな」と相手はメリットを描きやすい。

このとき、相手が決裁者ではない場合は、「決裁者を説得するための材料」をこの相手にプレゼンしないといけません。

決裁者のOKをとるための材料というのは、ひと言で言えば「数値化」です。

「御社が100万円を出してくれたことによって、御社が手に入れられる価値は、たとえば、テレビCM効果で言うならば、5000GRP（一定期間に流したCM1本ごとの視聴率の合計を表す指標）になります」

「ブランドイメージのランキングで言うと、日本のトップテンに入るレベルの価値だとわれわれは試算しています」

もっと経済的な理由であれば、

「100万円の投資によって、今回のプロジェクトが5年後、おそらく20倍の価値を提供できると、われわれはいまのところ試算しています」

もちろん、約束はできないかもしれないけれど、かならず数値化したうえで、明確にものを言うように習慣づける。

「そういうシミュレーションをうちは試算していて、そのシミュレーションシートに関しては、こちらの資料に記載があります」

このように相手が決裁者からOKをとるための「明確な材料」を、あなたが事前に用意しておくことが大切です。

!!!

人の心は熱量で動かせ

ほとんどの場合、交渉事は決裁者ではなく、担当者のところでとまります。その理由は、熱い「思い」だけをプレゼンしてしまうからです。熱い思いをプレゼンされた担当者が、その熱量で自分の上司に伝えることは無理です。

そもそも、熱い思いのプレゼンというのは、直接、決裁者と話すときには有効ですが、決裁者のＯＫを必要とする担当者に対しては何ら価値がありません。

なぜなら、担当者は数値的価値で決裁者からＯＫをとらなければならないからです。

最初の交渉事は、担当者ベースになるので、相手に数値的なメリットをプレゼンする。次に、もし決裁者と会うことができたら、今度は熱量を伝える。決裁者は熱量で動かすことができるからです。

違和感のある言い方かもしれませんが、熱量を伝える自信がある人の場合は、担当者との交渉事と経営者（決裁者）との交渉事を比較すると、むしろ経営者との交渉事のほうが容易な場合もあります。


しかし通常、決裁者と直接交渉する確率は低いので、目に見える数値的メリットをきちんと試算してください。

数値的メリットは、金額の場合もあれば、アンケート調査のポイント、比較検討のランキングのケースもあります。

このような数値的メリットを先に用意して、プレゼンに足を運ぶのが交渉事の必勝パターンです。交渉相手には、メリットの数値化、明確な材料、具体的なアンケート結果などの目に見えるメリットを用意すると、交渉が成就する確率が上がることは間違いありません。

!!!

人は疑問を解消したくなる

たとえば、パワーポイントでいきなり、「65％」の数字を大きくスクリーンに表示します。

「最近、めちゃめちゃこの数字『65％』に興奮するんです。ヤバくないですか、この数字？　これ、ダボス会議という世界経済フォーラムの年次総会があって、世界の有識者、すごくレベルの高い頭のいい人たちが、この世界の問題を解決する方法や、未来の問題などについて議論をしているなかで出た数字のひとつなんです。何かというと、今日生まれた子どもたちが成長してはたらくときに、現在、まだ存在していない業界で就労する確率が『65％』なんだそうです」

というように話を持っていくのです。この話し方は、先に答えを言っているわけではありません。いきなり「65％」と意味のわからない伝え方をしています。相手に疑問を「プレゼント」するのです。

この持っていき方だと聴き手が疑問を抱いたまま取り残されることになるので、聴き手はストレスを感じます。

すると、早く答えを「聴きたい」という心理状態になるのです。

相手が聴きたくなってから、おもむろに説明をする。つまり、話す順序を変えるということです。

そんなふうに、人は疑問が好きだという性質を知っておけば、おすすめをするときやセミナーで話すときに、順序の組み立て方を、ダイナミックに変えることができます。

疑問が湧き、それを解消したくて、話の続きを聴きたくなったところに、答えを提示する。このほうが、聴き手にとってはダイナミックでおもしろい話になるのです。

!!! セールストークの極意

相手に何かを「売る」「すすめる」ときに、強力な力を発揮する話し方の「型（フォーマット）」があります。

わかりやすく、「型」を分解するとこうなります。

最初は「**問題**」を投げかける。
2番目に「**解決策**」を出す。
3番目に「**根拠**」を提示する。
4番目に「**未来**」を語る。
最後に「**行動**」をうながす。

深夜放送のテレビショッピングを見る機会があったら、いちど、この「型」に沿って分析してみてください。

アメリカの商品であろうが、日本の製品であろうが、絶対にこの「型」を踏襲して売られているのです。

テレビの放送枠は高額です。深夜でもテレビの放送枠を15分ぶん買うと、何千万円もします。

つまり、それに見合った額だけ商品を売らないと採算がとれず、商品を売る人たちはけっしてハズすことができません。

だから、絶対に売れるという検証を十分にすませた確実な「型」を使うのです。

多数の実例に基づいて編み出されたわかりやすい「型」です。テレビ番組制作者は、商品が売れない失敗を避けるために、経験則上、真似をしてつくっているのかもしれません。

たとえば、商品紹介はこのような流れで進みます。

「ねえ、最近、夏バテで……」

と**最初に「問題」を投げかける**。

「でも、この果汁ジュースを飲めば大丈夫！」

と**2番目に「解決策」を出す**。

「なぜなら、この果汁ジュースは静岡県××町で収穫した無農薬の最高級品を使用して、純度100%で、余計なものは入っていません。そして、実験の結果、なんと、皮からもきれいになる効果が得られました。だから、人間の体にも安全なんです！」

と3番目に「根拠」を提示する。

「この果汁ジュースを飲むようになって、シワがなくなりました」
「夫婦仲もよくなっちゃいました」
「もう、腰が痛くなくなったんだよ」

と4番目に「未来」を語る。

そして、「お支払い方法は」とアナウンスされ、最後の締めくくりに向かいます。

「いまから30分以内に電話をくださったあなたには、さらに20箱つきます。しかも、気に入らなかったら、30日間、完全返金システムをご用意。まだまだ、これでは終わりません。さらに、送料はすべて『果汁ジャパン株式会社』が負担します！」

と**最後に「行動」をうながすのです。**

具体的な行動、断れないオファーを出して成約を固める。すべてのテレビショッピングはこの「型」でつくられていることが理解できたと思います。

このように、実験結果が出ている「型」なので、この「型」をみなさんも使ってください。

はっきり言うと、売り上げが変わります。

ホームページをこの「型」に変える、セールストークをこの「型」に変えるだけで、劇的に売れ行きが伸びます。

ぜひ、この「型」を習得して、自分のセールストークやホームページ、チラシの内容を見直してみてください。

!!! 「恐怖」で動かすビジネススピーチ

ずばり、ひと言で言えば、スピーチを聴く人が行動するかしないかは、たったひとつの要因によるものです。「メリットを感じるかどうか」です。

ただし、メリットを感じただけでは、人は動かない場合もあります。そんなときに効果的なのはデメリットです。

たとえば、タバコを吸っている人に、「タバコをやめると健康になりますよ。料理がおいしくなりますよ」と言ってもタバコをやめられませんが、「あなたは肺がんですよ」と言ったら即座にやめられるのです。

だから、デメリットとメリットを感じるように持っていくことが、聴き手の行動変容につながります。

たとえば、「いままでどおりの運営をしていたら、あなたの会社は潰れます」と言わないかぎり、人が行動を変えることはありません。

「恐怖」と、未来の「メリット」、この両方を伝えないと、相手は行動を変えません。

でも、これにもセオリーがあるのです。

ビジネスセミナーの場合は、この「問題」を提起する際、いかにして「恐怖」をプレゼントできるかがポイントになってきます。

たとえば、相手が地方の飲食店の経営者だとこのように切り出します。

「このままだと、ビジネスはうまくいかなくなり、代々続いた商いが消滅し、それはあなただけの問題じゃない。そんな人が増えたら、街がなくなるということだ。じゃあ、街がなくなると、子どもたちはどうやって生活するんだ」

個人の問題から、その地域の問題、社会の問題にまで、すべてつなげて「恐怖」を語るのです。

「日本でもすでにこういう現象が各地で起こっていて、○○問題といって、政府も動きはじめている。でも、行政がこれ、改善できますか？　これを改善できるのは、そう、あなたしかいないの」

ここで、相手に「あなたの問題なんだ」というようにして言葉を突きつける。

ていねいに進める場合は、いったん「社会の問題だ」と言ったあとに、「あなたしか変えられない」と持っていくのがコツです。

「あなたが悪い」と最初から言うと、相手は「いや違う、行政が悪い」と硬化してしまいます。

だから、「行政が悪い」ということをしっかり認めたうえで、「行政には変える力がない。でも、あなたにはあるんだ」と言って、その人をヒーローにしていく。

ここからは前述したセールストークの型を使います。

「解決策」はシンプルで、ひと言「これをやればいい！」と言うだけです。

「根拠」は、すべて数字とデータの裏づけが必須となります。ここでは、「思い」を語らないのがポイントです。

「根拠」は、メリットを強調するパートです。

「売り上げが2倍になるの？　えっ、利益率が4倍!?　4倍になるということは、この店の規模で年間100万円たまるんだから、うちだと400万円たまるのか。店が4つあったら、1600万円!?」

ここで、リアルな数字を提示します。そうすると、相手は聴きながら自分の店舗の数字を計算しはじめるのです。

このようにして、最終のひとつ手前、**「未来」の段階まできたら、ここでようやく「思い」を語る。**

なぜかというと、相手が「やりたい」という気持ちになって、「恐怖」を回避したい、メリットを享受したい、と意向を固めたうえで「思い」を語らないと、「思い」の時点でズレが生じ、次のステップに進むことができなくなってしまうからです。

最終段階の「行動」はシンプルです。

この時点でビジネスプランがあれば、「いっしょにやろう」が理想です。

仕組みがない場合は、「あなたがやるんだ」と伝えます。
でも、本来であれば、相手といっしょにやる仕組みを用意してからスピーチをつくるほうがベストでしょう。

たとえば、相手に「いっしょにやろう」と言っても、飲食店をいっしょにやるわけではありません。

フェイスブックのグループページ上に、地方の飲食店だけのコミュニティーをつくっておいて、「そこで情報を共有しながら進んでいこう」というかたちでもいいのです。

地域の飲食店を応援する地方自治体とつながって、
「われわれが、ちゃんと助成金が下りるように仕組みをつくったから、あなたにやり方を提供するので、いっしょにやろう」

このような仕組みを持ってきて、行動に結びつけると、ここにもメリットが出てきます。

かならず最後は「恐怖」ではなく、「メリット」を相手に感じさせないといけません。最終的には、「希望」こそが人を動かす原動力になるからです。

人は目前に恐怖が迫っていて、行動を変えたらかならず幸せになると判断した場合は、絶対に幸せなほうに行きます。

そのように立てつけ（設計）をしてあげると、動く人（協力者）が増えます。

とくに、数字、データ、メリットは大事です。

すぐに、「思い」を伝えたくなるのを胸の内で抑えて、最後の最後で「思い」を伝える。すると、一気に共感が広がります。

!!!

持っていき方ひとつでセールスの成約率が激変

ぼくの知り合いに有能な生命保険のセールスがいました。雑談の最中に、ふいに彼はぼくに言いました。

「鴨さん、知っていますか？　保険屋って、自分の保険証券の見直しを年2回ぐらいやるんですよ」

「え、なんで？」

「だって、保険って、どんどん改正されているんで、保険の見直しを細かくやれば、保険料がどんどん安くなって、受け取り金額は上がるんです。鴨さんって、保険の見直し、いつやりました？」

「ぼく、入りっぱなし」

「相当、損している可能性がありますね」

と言うわけです。

もう、思わず保険の見直しをしたくなるわけです。

でも、下手な営業は、

「よかったら、保険、見ますよ」

と不用意に言ってしまう。

こう言われるとだれしも、猜疑《さいぎ》心を抱いてしまいます。

なんであなたに見せなきゃならないのか？

自分の担当者のほうが、あなたより付き合いが長いのに、と反発を覚えるのです。

いきなり、「見直しさせてください」と言われると、自分の担当者に対して、何か悪口を言われている気分に陥り、抵抗する心理状態になります。

しかし、たとえばこう切り出されると、どう感じるでしょうか。

「ここだけの話なんですけど、保険屋ってズルいんですよ。自分のお客さんの保険は入れっぱなしで、あんまり見直し、見直しって言わないのに、自分の保険証券は、いつも見直しているんです。

保険のルールがどのくらいの期間で改正がおこなわれているか、知っています？　3カ月や4カ月でころころ変わっているんです。だから、保険屋は自分の保険証券はすごく細かく見直しているんです。

変な話、自分の会社じゃない保険を買っている保険屋までいます。

保険の掛け金が下がって、受け取り金額が上がると知っているからなんです。ちなみに、いつ保険の見直しをされました？」

マズい……損しているかも……と思いませんでしたか。

「ほんとうに損をしない優良な保険はA社の商品、ひとつだけです。私は、以前いた会社の保険商品を、プライベートな知り合いにはいっさい売りませんでした。A社に転職して、いまは私の大切にしている人を全員、保険に入っていただきました」

――こう自信満々で断言されると、もうお客さまは抵抗することができません。

話の持っていき方ひとつで、セールスの成約率が激変する好例です。

稼げる話術

第4章

パブリックスピーキングの伝える技術

!!!

パブリックスピーキングで「稼ぐ」とは？

「パブリックスピーキング（スピーチ）で稼ぐ」と言われて、結びつきがよくわからないと感じる方もいらっしゃることと思います。

会社での役職や立場によっても変わりますが、ビジネスの現場においてスピーチをする機会は、さほど多くないことでしょう。

ぼくは言葉やパブリックスピーキング、コミュニケーションによって、自分の会社、自分の生活を変え、自分のいる業界を変え、ひいては地域や世界を変えることが絶対にできる。そう信じています。

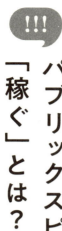

もちろん、変える世界のサイズは人それぞれ違います。自分のいる業界を変えるにしても、業界のどのあたりまで変えるのかは人によって異なってくるからです。

スピーチは、世界を変えるためにあります。端的に言うと、他者に「思い」を伝えることで行動変容をうながし、世界を変えていくコミュニケーションの手法こそがスピーチなのです。

これをビジネスの現場に置きかえると、顧客のまえで、営業先で、商談のときに、自分の扱う商品やサービスの価値、「思い」を伝えるスピーチ（コミュニケーション）ができれば、利益に結びつけることができます。

あなたが話したり、スピーチをしたりすることで、聴き手に変化が起こることは、十分に期待できます。

これからはすべてのコミュニケーションにおいて、話すまえとあとで、聴き手にどのような変化をもたらしたか、「ビフォー・アフター」を念頭に置いていていただきたいのです。

ただ行きあたりばったりに話すのではなく、あらかじめ設計図をつくったうえで話しはじめるよう常日頃から習慣づけるべきです。

この目標を簡略化した呼称が、「WAB《ワブ》」です。

このノウハウを身につけないかぎりは、表面的な話し方の技術を学んだとしても、何の意味もなしません。

「WAB」というのは、「Who」「A地点」「B地点」の頭文字をとった造語です。

「W」＝Who。誰に向かって話しているのか。

「A」＝A地点。相手はいま、何を思っているのか。
「B」＝B地点。目的を持って話したあとの状態。

「WAB」の方法論を簡単に説明すると、聴き手が現在いる「A地点」から、聴き手にとって幸せになる「B地点」へと、「行きたいと思うように伝わる話し方」によって、聴き手を連れていくことです。

話し手にとって言いたいことを一方的に言うのではなく、「A地点」にいる聴き手が、「B地点」に行きたいと思うように、相手に伝わるよう話をします。

ぼくたちはよく、コミュニケーションのなかで、聴き手を「A地点」から「B地点」に連れていく設計図を見失ってしまいがちです。

たとえば、ある男性に彼女ができて、まだ付き合って日が浅い時期だとしましょう。

彼女のお父さんはクラシック音楽の指揮者で、お母さんはソロ演奏もするピアニスト。当然、彼女も子どもの頃からクラシック音楽を聴いて、バイオリンの演奏をたしなんでいる。

一方、彼氏はパンクロックが大好きです。

その彼氏が、彼女に音楽CDをプレゼントしようと思っています。

彼女に、パンクロックのCDとクラシック音楽のCD、どちらのCDをプレゼントするのが正解でしょうか。

一般に男性の答えは「パンクロックのCD」、もしくは「えーっ、迷うなあ」という反応を示します。

一方、男性側の答えを耳にした瞬間、100%の女性が「えーっ、マジで!?」「ウソ？　迷う人なんているの？」といった反応をします。

女性であれば100%、クラシック音楽のCDをプレゼントするからです。

これぐらい、ほとんどの男性が「WAB」というコミュニケーションの根本をわかっていない。

男性も女性もこれを認識しておいたほうがいいと思います。

パンクロックのCDを贈られた彼女はどう思うか。どのような「B地点」に行くのでしょうか。

「あの人、私のこと、なんにも理解してくれていない」と思うに違いありません。

私たちはコミュニケーションをするときに、いつも自分の言いたいことばかりを話してしまいます。

ほとんどの女性が、

「クラシック音楽のCDに決まっているじゃない！」

と即答しますが、それは女性が総じて恋愛リテラシーが高いから。ところが女性はパブリックスピーキングのリテラシーは低い傾向にある。自分が話をするときは得てして「パンクロックのCD」（自分の言いたいこと）を相手にプレゼントしがちなのです。

これは男性だろうが女性だろうが同じことが言えます。

みんな自分が言いたいことを話すから、相手にはけっして伝わらないのです。

相手がほしいものをプレゼントするから、相手も「A地点」から「B地点」に行く行動を起こすのです。

自分が言いたいことを言うのではなく、「相手がどうやったら『B地点』に行けるだろうか」ということを、常日頃から意識してください。

だからといって、自分が言いたい主張を抑えて、相手にとって聴きごこちのいいことだけを話すのとは違います。

あくまでも、相手が自発的に「B地点」に行きたいと思うように、いろいろな話材を提供し、相手に伝わるように持っていくのです。

この「WAB」がわかると、対人関係が劇的に変わります。

話すということがどういうことなのか、コミュニケーションとは何なのかが実感できるようになります。

たとえば、パンクロックのCDをとても上手に渡す男性がいたとします。

「これ、すごいんだよ。パンクロックって知っている？　音楽じゃないんだよ。パンクロックは魂の震えなんだよ。この世界に対してのマイナスな想念を、エネルギーに変えているんだ。すごいと思わないか？　そんじょそこらの音楽とは違うんだ」

このように「思い」を込めて伝えたとしても、「B地点」に行くという目的そのものを達成することはありません。なぜなら、この女性はもともとクラシック音楽好きだからです。

「どうやったら、パンクロックのCDを受け取ってもらえるのか」というのは、設問の前提が間違っています。

最初は、クラシック音楽のCDを渡すことこそが正解です。

どうしてかというと、彼女がほしいのはクラシック音楽のCDだからです。

最初にクラシック音楽のCDを渡すときは、ふつうに渡せばいいのです。

2回目に渡すときは、彼女がクラシック音楽のどのようなカテゴリーが好きか、事前に質問するなど調べて、「ショパンが好き」とわかったら、ショパンのCDを渡せばいい。

その次は、普段、彼女が聴いていないかもしれないクラシック音楽のCDを選んで渡す。

これを続けているうちに彼女はこう言うでしょう。

「ねえ、あなたはどんな音楽が好きなの？」

そのときにはじめて、パンクロックのCDを渡せばいいのです。それが、ビジネスの局面では「契約」にあたるわけです。

ビジネスコミュニケーションが上手な人は、こうして相手とコミュニケートしています。

「WAB」を理解し実践すれば、あなたのビジネスコミュニケーション力は劇的にアップすることになります。

!!!

「型」にハメるのがスピーチ上達の最短距離

コミュニケーションでもっとも重要なのは「型」です。

「WAB」という考え方と、前述したセールストークの「型」を身につければ、ビジネスコミュニケーション力が飛躍的に高まることは間違いありません。

この「型」を自分のなかに入れられる人と、「型」を自分のなかに入れることができない人で、楽になる人と、楽にならない人がいます。後者は自分を「型」にハメることに抵抗を覚える人です。

冷静に考えてみてください。たとえば、ぼくがいま裏千家の茶道をやろうとしているとします。

先生のところに行って、「茶道を教えてください」と言うと、茶道の「型」を教えてくれました。

そのときに、「いや、なんか、『型』にハマるの、いやです」と言っていたら、時間の無駄になってしまいます。

たとえば、和服を着たいとします。「和服を着たいので、先生、教えてください」と言い、和服の着方を教えてもらう。

「なんか、おれ、『型』にハマっていやだ」となると、一生、着物を着こなすことができません。

自分を「型」にハメたほうが、絶対に上達します。「型」がないのに、どうやってうまくなるのでしょうか。

仮に、ぼくがこんなふうに教えたら、みなさんはしゃべれるようになるでしょうか。

「スピーチは感性だから。感性を磨いたら、どんどんスピーチがうまくなるよ。だって、要は感じる力でしょう？　みんな、そんな認識的に聴いている？　感覚的に聴いているだろう？　だから、みんなが話すときも、相手は感覚的に聴いているんだから、感覚で話したらいい。さあ、やってごらん」

このやり方だと、まったくスピーチの技術を身につけることはできないと思います。

スピーチの技術とは、核心を言うと「ＷＡＢ」と「型」です。

とにかく、このふたつの「型」を、自分のなかに入れれば、間違いなくスピーチはうまくなります。

!!!

緊張させることがオープニングの目的

オープニングでは、聴き手をリラックスさせてはいけません。聴き手は、緊張させましょう。

これを間違えている方が多くいます。

たとえば、オープニングでいきなり、こう言う人がいます。

「みなさん、はじめての場で、はじめての人ばかりで、ちょっと緊張なさっているかもしれないので、いちど体をほぐしてからはじめましょうか？」

一見よさそうに聞こえますが、これはもったいない。人は緊張感があるときのほうが聴ける状態なのです。聴き手がリラックスしたら、「聴く力」

も同時に下がってしまいます。

ぼくが知っている最高にスピーチがうまい人は、西任暁子《にしとあきこ》さんです。ぼくが最初にスピーチを教わった先生です。

この先生は、元FMラジオのパーソナリティーで大学生のときからタレント活動をしている方です。いまはジャズシンガーをやりながら、コミュニケーションを教えている先生です。

スピーチのオープニングがじつにすばらしいのです。

「人は、何のために生まれてきたんだろう——私は、そんな不思議なことを考えている子どもでした」

とはじまるのです。聴き手は、「いきなり、何を言っているの、この人?・」というような感覚になり、思わず話に引き込まれてしまいます。

!!!「このなかに3人のバカがいる」のインパクト

あなたが、税理士さんのセミナーを聴きに行ったとしましょう。このようなオープニングではじまりました。

「今日は、2021年度の税制改革のポイントを3つお伝えします。2時間半ですが、よろしくお願いします」

——いかがでしょう。眠気をもよおしそうではないでしょうか。では、このようなオープニングだったらいかがでしょう。

「今日は3つだけです。この3つの内容をみなさんが聴いて実行したら、これから15年間で350万円の税金を払わないですみます。いまからその3つをお伝えしようと思います。2時間半ですが、よろしくお願いします」

このオープニングだと受講者は聴きたくなるわけです。これこそがスピーチにおけるオープニングの効果です。

仮にセミナーの内容が同じでも、オープニングが違うと、聴き手はまったく異なる心理状態になります。

それぐらい、オープニングは大事ということです。オープニングに対する意識を高め、追究し続けてほしいと思います。

ぼくには、忘れることができないオープニングの記憶があります。

マクドナルドで店長を指導するスーパーバイザー職をしていたときです。当時、全国に約200人のスーパーバイザーがいました。

平均年齢は約46歳で、いわゆる現場の猛者《もさ》たちです。つまり、現場で成果を出しまくった中間管理職の集団というわけです。

そのスーパーバイザー全員に対して、本社から、国家資格の「食品衛生管理者」試験を受けるための事前研修会をやるので、丸一日スケジュールを空けたうえで、研修を受けにくるようにとの通達がきたのです。

これを受け取った全国のスーパーバイザーは、

「ふざけるな、人事部、なめてんのか」
「おれたち、どれだけ忙しいのかわかっているのか」
「１日中、研修を受ける暇なんて、ないんだよ」

と爆発寸前でした。

さらに、この研修会に呼ばれた講師が、いちども会ったことのない、全受講者にとってリスペクト・ゼロといえる外部講師。全員が心のなかで、「ふざけんなよ、あいつ」と戦闘モードなわけです。

そんな殺伐とした1クラス100人の教室に、資料を小脇に抱え、すこししょぼくれた55歳ぐらいのおじさんが入ってきて、開口一番こう言ったのです。

「このなかに、3人のバカがいます。私はこの食品衛生管理者の研修ばかりして、いままで6万人が受講してきました。もう、合格率は決まっています。97%なので、このなかで3人は落ちます。きっと、マクドナルドのような大企業で、3%の落ちた側に入ると、将来は真っ暗なんでしょうね。では、授業をはじめます」

教室にいる全員が「えーっ」となるわけです。

もちろんこの外部講師は、受講者が「ふざけんな、このおっさん」と思っているのは、過去の経験から十分わかっています。

サラリーマンで、食品衛生管理者の国家資格をとりたいモチベーションを持っている人は、まずひとりもいないでしょう。

どの会社の研修に行っても、反感を持たれた完全アウェーの状態で教室に入る。

「ふざけんなよ！」と怒り狂うサラリーマンのまえで話すことを、もう何百回、何千回とやっています。だから、オープニングが強いのです。

受講者に好かれようというところにはけっして逃げ込まない。

「WAB」でいう「B地点」（全員合格）させるために、講義を聴かせることだけに集中する。

克己心《こっき》（自分の欲望を抑える心）や「B地点」に対する執着です。

「絶対に連れていってやる」という強い目的を持っていないと、気持ちで負けるのではないでしょうか。

ぼくも研修に講師として呼ばれたとき、ほとんどの受講者が「鴨頭先生の話を聴けるんだ」と心待ちにしてくれているというわけではありません。企業研修の場合は、「どうせ、社長がどこからか連れてきたんでしょう」というような空気です。

基本的には、全員がどん引きの状態なのです。だからこそ、強いオープニングを持ってくる必要があります。

つまり、聴き手が「今日の話を聴かないと損をする」というモチベーションを生じさせるまでに持っていかないといけません。

オープニングの場合は、「聴いたほうがいいよ」では弱い。「聴かないと私は不幸になるんだ」と思わせるぐらい、強烈なオープニングを準備する必要があるのです。

!!!

「場の支配力」で緊張感をつくり出す

西任暁子さんが、経営者相手に話した講演のオープニングを再現してみましょう。

「私に何が伝えられるんだろう。今日、この場所でお話をさせていただくという話をいただいてから3カ月半、私はずっとそのことを考えていました。

私はみなさんのように、ビジネスの世界で何か大きな成果を残したことはありません。そもそも私は、会社に勤めたことがいちどもない人間です。そんな私が、みなさんにいったい何が伝えられるんだろう。3カ月半、ずっとそのことばかりを考えていました。

もし私が、みなさんに何かを伝えられるとするならば、たったひとつだと思っています。それは、『言葉』です。私はラジオDJとして15年間、何十万人という目に見えない、相手がだれかもわからない現場で、『言葉』だけでメッセージを伝えて生きてきました。時には数万件のクレーム電話がかかってくる――そんな現場で15年間、生番組を続けてきた。

もし、私に伝えられることがあるとするならば、その『言葉』のすばらしさと、『言葉』の恐ろしさ、これだけなんじゃないかなと思っています。今日一日、いっしょに学べることがうれしいです」

その場にいた経営者全員が、「うわ、今日の講師はすごい！」と完全に心をうばわれました。

多くの場合、経営者はプライドが高い人が多い。つまり、「こいつ、なんぼのもんじゃい」みたいな気持ちがある。

しかし、西任さんが話しはじめたとき、聴き手の状態がガラリと変わりました。

聴き手のまわりの空気を変え、聴き手の状況を変える力のことを、「場の支配力」と呼んでいます。これは、ぼくがつくった言葉です。

聴き手にしてみると、「場の支配力」は「プレゼント」になるのです。

たとえば、小学校の学級崩壊を、想像してみてください。

学級崩壊の状態は、生徒にとってまったく「プレゼント」になっていません。

子どもたちにとって「プラス」ではない状態です。先生は「場の支配力」を持ったほうが、生徒のためにいいのです。

仮にこんな先生がいたらどうでしょう。

授業のまえに生徒のみんなが騒いでいます。でも、けっして「早く座れ」と命令したりしません。

ずっと黙って生徒を見ています。しばらくのあいだ、じっと黙って見守ったあと、おもむろに口を開きます。

「ケンジ、ありがとう。席に着いてくれて。じゃあ、授業やろうか」

いかがでしょうか。「場の支配力」を先生が持つことで、生徒は「今日の先生は何か違う」「聴かないとまずいぞ」と聴き手に変化が起きます。

つまり、「場の支配力」というのは、「緊張感」をプレゼントすることです。

ぼくは、話し手が、聴き手にできる最大の「プレゼント」が、この「場の支配力」だと思っています。

言葉がちょっと強いので、語弊がある表現かもしれません。でも、「支配」してあげることは聴き手への「プレゼント」になるのです。聴いている人は、支配されると「聴く力」が高まります。

逆に言うと、聴き手のペースに講師が巻き込まれると、聴き手は損をします。

集中して聴けなくなったり、相手を評価するような姿勢で聴いたりすることになるからです。

「今日の講師は、何を言っているのかわからないな」

このように、評価するような態度で講師の話を聴くと、聴き手が損をしてしまいます。

でも、反対に「すごいな……今日の先生」というように、講師が聴き手を支配すると、聴き手は漏らさず講師の話を聴こうとするから、最終的に得をするのです。

!!!

「共感」によって聴き手を引き込む

ぼくは企業講演、研修のほかに中学校や高校で、学生さんに向けてメッセージを伝えさせていただく機会もあります。

そのときは、まず学生さんの目線に下りて「共感」から入るようにしています。

オープニングでいきなり、「今日の趣旨は仕事の価値……」などとは、けっしてしゃべったりしません。

たとえば、このようなオープニングです。

「ぼくは、今治《いまばり》西高校という甲子園出場の常連校で大きな挫折を感じました。最初の授業が終わって、休憩になると、廊下に2年生と3年生の女の子がブワーッと並んで、「なんだろう」と思って見たら、『キャーッ、小鴨よ！』と言っているんです。

ぼくは、『さあ、野球やるぞ』と入学したのに、上級生の女子が、『鴨頭先輩の弟よ、かわいいーっ！』とさわいでいたんです。

兄貴は、同じ今治西高のスーパースターでした。甲子園でベスト4まで進出し、国体優勝をはたした5番バッター、その兄貴が卒業してすぐ、弟が入学してきたんです。

『鴨頭の弟が入学してきたぞ！　これで甲子園で優勝できる！』――学校じゅう、そして今治じゅうの期待を背負いながらも、3年間レギュラーがとれなかった期待外れの弟……。

どれだけ、バッシングを浴びたか。『あいつはちゃんと練習していない』『気合が入っていないんだ』『メンタルが弱いんだ』と街で見知らぬおじさんにまで言われる。

朝、だれよりも早くグラウンドに行って、ひとりで練習して、昼は弁当を5分で食って、練習して、夜は下級生が帰ったあとも、ひとりでグラウンドに残って練習していた。けれども、試合に出られない……。

でも、高校を卒業して、社会人になったとき、わかったことがある。ぼくは、ずっと高校のとき、こう思っていた。まわりからバッシングされながら、『絶対、野球をやめないからな。何と言われようと、おれはやめない。ここで負けたら、一生負け犬だ』――そう思いながら、高校3年間を過ごしてきた。

「コンプレックスにまみれた高校3年間だったけど……『やめねえ、絶対やめねえ、こんなことではあきらめない‼』その思いが、ぼくのいまの行動の原動力です。できないことはけっして悪いことじゃない。コンプレックスは武器になる」

こうして最初に自分の学生時代の話をして、スピーチをスタートするわけです。

人生経験に乏しい学生さんの場合は、先に「共感」がないと集中して聴くことができません。

「聴く力」の弱い学生さんが「聴きたい」なんて状況にはけっしてなりません。

そういうときは、いちど目線を下げて、いっしょに上がっていくという「共感」から入る手法が効果的です。

もちろん、聴き手の特性を知ることも大事です。

聴き手に合わせて、共感から入るのか、思い切って本質からいくのか、エーッとのけぞらせてからいくのか、スピーチの前にしっかり組み立てておきましょう。

!!!

即興スピーチは最後のひと言から考える

結論から言うと、あらかじめクロージング（最後のまとめ）を、明確に言葉にしておくことです。

最後をあいまいにして、話しながら考えると、「これだとちょっと、決まらない……」「一回、これで締まるだろう」と思って話しても、聴き手の反応がいまいち。

どうしても、「もうちょっと足して」となるのですが、スピーチは足せば足すほど追い込まれる。だから、先に「この言葉で締める！」というのをビシッと決めておきます。

極論を言うと、「ちょっと、鴨頭さん、ひと言お願いします」と急に言われたら、一番最初に考えるのは、最後のひと言だったりします。最後のひと言だけは決めておく。

たとえば、「私たちはかならず達成できる集団である」みたいなキーワードを持っておくのです。

「この年度末の3カ月まえ、達成率は87%だった。これは、みなさん知っていると思います。でも、そこからの3カ月、私たちはあきらめなかった。『かならず達成するのだ』――そんな気持ちを持った集団だったからこそ、今回の101%という結果が得られた。つまり、『私たちは達成できる集団なのだ』。来年も、またこの達成集団として、みなさんといっしょにはたらけることが、うれしくてたまりません。本日はほんとうにありがとうございました」

と締めてしまえば問題ない。
ほんとうにスピーチというものはおもしろくて、聴き手が「ああ、よかった」といって持って帰れるかどうかの要素は、大きく分けると2種類あります。

ひとつはロジック。
理解・納得――「なるほど」という納得があると、「B地点（到達点）」に行く――これがひとつ目。

でも、人間はそれだけではありません。ふたつ目、「雰囲気」も重要です。雰囲気が決まっていると、どういうわけか、聴き手は「いいスピーチを聴いたな」となるのです。

この雰囲気を決定づけるうえで重要なのがスピーチのラストの部分です。ビシッとラストが決まると、スピーチ全体の評価が高まるのです。

!!! 不時着しそうなときに抜く伝家の宝刀

これから、すごいことを言います。

スピーチの最後がビシッと着地すると、途中の話がフラフラしていても及第点をとることができます。

スピーチを分析的に聴いている人はいないからです。だから、スピーチは「感覚」で評価が決まる。

オリンピックで言うと、専門家の審査員ではなくて観客です。観客は、途中の演技の採点ができていません。

最後の着地だけ見て、「すばらしかった！」と拍手をする。

スピーチにもそういう傾向があります。

というわけで、最後に「決まった感を出す」と、あらかじめ決めておくべきです。

それでも不時着しそうになったときに使える、とっておきのひと言をプレゼントします。

最後、このようにすればいいのです。

「以上です！　ありがとうございました」

と声を張って笑顔で言う。

どんなに途中がヤバくても、最後は「以上です！　ありがとうございました」と声を張って笑顔で言うと、スピーチそのものがよかった印象になります。

スピーチの最中で、「どうしよう」となったときに思い出すようにしてください。

焦る気持ちに引っぱられて、「いま、いろいろお話ししましたが、すこしでも参考になればと思って」と弱腰になってはいけません。

ちょっと「フラフラしたな」と思ったら、最後に、声を張って笑顔で、「以上です！　ありがとうございました」と言う。

この伝家《でんか》の宝刀、「以上です！　ありがとうございました」を繰り出せば、たちどころに拍手が大きくなります。

大きな拍手をしていると、人間はなんとなくよかった気になるのです。

稼げる話術

第5章

稼げる人材を育成する話術

!!!

お金で釣れない若者の価値観

多くの企業は、若手従業員が辞めてしまわないように、福利厚生をはじめ、さまざまな施策を打ち出しています。

昇給やボーナスの支給
キャリアアップ・資格試験などに対する補助
海外研修など教育の充実
リフレッシュ休暇
住宅手当・寮の完備

これらの施策、はっきり言ってズレています。

社員の不平不満に対してお金を使っていても、会社はよくなりません。

では、なぜこのようなズレが生じてしまうのでしょうか。

その理由はズバリ、「世代間での価値観の違い」にあります。

20代、30代を中心とした若者たちは、「自分の存在価値を認められること」に満足を得ます。

この世代がもっとも大切にしているのは、

「自分は何のために生まれてきたのか」

を知ることです。


価値観とは、過去の体験から生まれてくるものです。

モノがあふれる豊かな時代に生まれたこの世代の人たちは、生きている実感を味わうことに価値を感じるのです。

戦時中から戦後間もない頃に生まれた70代以上の世代がもっとも大切にしているのは「食べ物」です。

この世代の人たちには、おなかいっぱい食べられなかった過去のつらい経験があります。

食べ物を得るために、親たちが身を粉にしてはたらいてくれたという記憶を持っています。

手に入りにくいものの価値は上がるのです。

70代以上の経営者にビジネスの相談をしに行くと、

「おお、鴨頭。よくきたな！　話を聴いてやるから、まずは飯を食いに行くぞ」

とよく誘われます。

田中角栄元内閣総理大臣も、こんなことを言っていたそうです。

メシ時になったら、しっかりメシを食え。シャバにはいいことは少ない。いやなことばっかりだ。それを苦にしてメシが食えないようではダメだ。腹が減って、目が回って、大事な戦はできん。

（早坂茂三『田中角栄 頂点をきわめた男の物語 オヤジとわたし』PHP研究所より）

40代から60代は、「お金」に価値を見いだします。

昭和30年代から50年代は、経済大国日本になることで戦争に負けた日本人がプライドを取り戻した時代です。この時代に生まれた世代にとって、もっとも価値があるのはお金なのです。

「ボーナスをやるからがんばれ！」

と尻をたたかれればがんばれる。ほかに給料が高い仕事を見つけると、転職を考える。

お金持ちに憧れを持ち、お金にこそ価値があるという考えが、過去の経験から体に染みついているのです。

マクドナルドの人事部ではたらいていたとき、将来の管理職や経営幹部候補生を採用するプロジェクトに携わり、大学生を面接する機会がありました。

「学生時代にもっとも力を入れていたこと、時間をかけてやったことは何ですか？」

ぼくが質問すると、こんな答えが返ってくるのです。

「自分探しの旅に、バックパックでインドに行きました」

そのとき、ぼくは心のなかでこう思いました。

「何を考えているんだ。何が自分探しの旅だ。そんな暇があったら、バイトでもしてお父さんお母さんに学費を返そうと思わないのか？」

そう、昭和40年代生まれのぼくは「お金」を大切に思う世代です。

でも、20代前半の彼ら彼女らは、

「自分がどんな役割をはたすために、この世に存在しているのかを知りたい」

と真剣に考えていました。だから自分探しの旅に出ていたのです。

!!!

要求される精神的な報酬

世代間のギャップは存在しています。けれどもこれは解消することができません。

大切なことは、けっして世代間ギャップを埋めようとしないこと。**相手の価値観を変えようとしてはいけません。**

取るべき方法はただひとつです。受け入れること。何も変えずに受け入れるのです。それ以外にありません。

「自分探しの旅に出たい」

という若い人に対して、

「ああ、自分の役割を知りたいんだな」

と受け入れる。

逆に、若い世代の人たちも、上司が、

「高級外車買ったんだ」

「このまえ飲み屋に行って○万円も使ったんだ」

と話をしていたら、

「ああ、がんばっているんだな」

と相手の価値観を否定せずに受け入れてほしいのです。

受け入れないと、おたがい不幸になります。イライラだけが増大します。

受け入れると楽になり、そこではじめて、世代を超えた仲間としていっしょにはたらけるようになるのです。

まずは相手の価値観を受け入れる寛容な心を持つことが必要です。

そして、相手の価値観を受け入れる準備ができたら、部下が持っている価値観を「知る」努力をしましょう。

ぼくが管理職向けの研修でかならず実施しているおすすめの方法があります。

それは、「部下についての質問に答えてもらうこと」です。

入社年はいつですか？
家族構成は？
血液型は？
趣味は？
小学校の頃の夢は？
学生時代の部活動は？
好きな映画は？
いま、もっとも興味を持っていることは？
いまの夢は？
いま、何に悩んでいるか？

部下のプライベートなことまでよく知っていないと、答えることができない質問ばかりです。

研修では、30項目以上書いてあるワークシートを配って、参加者の管理職の方にこう言います。

「いまから30分間、時間をさしあげます。質問事項を埋めていってくださ い。それではどうぞ！」

ワークタイムがスタートしてすぐの段階では、みなさんどんどん書き進めていきます。けれども、5分ぐらいたつとペンが止まりはじめます。

「…………」

ぼくはあえて何も言いません。ワークを途中で切り上げることは絶対にしません。

何もすることがない、自分が部下のことをいかに知らなかったかを、たただ痛感する「地獄の25分間」を経験してもらうのです。

ワークを終えたとき、みなさん口をそろえておっしゃいます。

「まったく部下のことを知らなかった……」

そこでぼくはこう伝えます。

「このシートを次回の講義までにすべて埋めてきてください。埋められなかった方はリーダー失格です」

次の講義では、みなさんワークシートが真っ黒になっています。

グループでディスカッションしていると、部下がどんな思いで仕事に取り組んでいるのかに気づかされ、涙ぐむ人が続出します。

このワークを通じて、上司は部下をよく見るようになります。そして、部下の価値観を理解し、部下を「見る目」が変わっていきます。

部下は自分のことを知ってほしいのです。

部下は自分のことを受け入れてほしいのです。

「上司であるおれや会社に、何か望むことはあるか？」

上司にそう言われたとき、部下は、

「自分のことを知ってほしい。受け入れてもらいたい」

と口にはしないでしょう。その代わりにこう言うのです。

「給料を上げてほしい」

「休みがほしい」


上司や会社に文句を言うのは、自分の気持ちをどう表現すべきなのかがわからないからです。

やりどころのない、表現できないほんとうの思いは、「文句」となってかたちにあらわれるのです。


だからこそ、上司が部下を知ろうとしましょう。

上司が部下のことを受け入れようとしましょう。

上司のほうから部下に歩み寄るべきなのです。


上司が部下を知ろうとしたとき、上司の心が変わります。

心が変わると、行動や言葉が変わります。

上司自身が変わるだけでなく、チームが変わり、ひいては会社の業績が上がっていきます。

!!!

「報・連・相」ができないのは上司が悪い

多くの上司は、部下の話を「聞いて」いると思っています。
でも実際は、多くの上司は部下の話を「聴いて」いないのです。
「聞く」と「聴く」をあえて分けましたが、このふたつの意味は大きく異なります。

「聞く」とは、情報として話の内容を理解すること。
「聴く」とは、感覚を研ぎ澄まして話を受け取ること。

部下との信頼関係を構築するためには、話を「聴いて」ください。
この**「聴く力」**には、次の3つの段階があります。

ひとつ目は、**「全身で聴く」**です。

耳だけでは足りません。全身を使って聴いてください。

「すいません、現場でこんなことがあって……」

と部下が報告をしてきたら、「どうした？」と耳を傾けるだけでは、部下は話を聴いてくれているとは感じません。

ここで言う「聴く」とは、「話の内容が理解できた」では不十分です。**相手が「聴いてくれている」と感じるレベルのことを「聴く」と言います。**

パソコンで作業をしている最中であれば、いったん作業を中断して部下の話を聴いてください。体を部下のほうに向け、痛くなるくらい首を縦に振りながら聴きましょう。

表情も使います。「大げさかな」と思うくらいに「聴く」ことに集中しましょう。

全身を使って聴いていると、相手にも、話をしっかり受け取ろうとしていることが伝わります。

話を聴きながらメモもとりましょう。想像してみてください。

「最近どうだ、悩んでいることはないか」

と上司から話しかけられたとき、自分が話しはじめようとした瞬間に、

「あっ、ちょっと待って。メモをとっていいかな」

と言ってから話を聴いてもらえたら、どんなふうに感じるでしょうか。

声をかけてくれただけでもありがたいのに、メモまでとって、問題点が見つかれば改善しようとしていると考えるのではないでしょうか。

「うわあ、聴いてくれている」

と感じると、部下は自分が上司に受け入れられていることがわかります。

部下に満足感が生まれてはじめて、話を聴いたことになります。

もし部下の心が満たされていなかったら、ふつうに話は聞けていますが、ここで言う「聴く」ということはできていません。

「聞く」を「聴く」に変えるだけで、部下との信頼関係は劇的に変わります。部下は話を聴いてほしいと思っているのですから。

上司にとっては、とるに足りないことだとしても、わざわざ上司に話しかけるということは、部下にとっては大ごとです。

部下の報告に、

「おお、そうか。そのとき君はどうしたんだ」

と返したら、大切なことをどんどん話してくれるようになります。逆に、

「またそんなことを言っているのか」

と邪険に扱うと、「この人にはもう二度と話さない」と思うでしょう。

「うちの部下は『報・連・相』ができない」

と口にする人をよく見かけますが、悪いのは部下ではありません。上司が悪いのです。

上司が部下に対して、

「ちゃんと話を聴いているよ」

と伝えられていないからです。

たとえば、大事な会議のまえに、部下に資料のコピーを頼んだとしましょう。ところが、いつまでたっても部下からは何の報告もありません。

「おい、さっき頼んだ資料のコピー、どうなっているんだ？」

「あっ、終わっていますよ」

「なんで言わないんだ！」

こんな光景、会社でよく見かけるのではないでしょうか。

部下は、資料のコピーはかんたんな仕事だから、すぐにできて当たりまえだと感じ、そんなかんたんなことをわざわざ上司に報告すべきではないと思っているのです。

どんなに小さなことであろうと報告・連絡・相談をしろ、と言われてはいても、小さなことを話してはいけないと思っているのです。

「報・連・相」をしてもいいという関係性をつくり、部下の「報・連・相」の力を引き出すのが上司のスキルです。

そのためにもっとも大切なのが、普段のコミュニケーションであり「聴く力」です。

!!!

答えを持たずに部下の話を聴く

「聴く力」のふたつ目の段階は、**「自分の答えを持たないで聴く」**です。

たとえば、5月の終わり頃になると、新入社員からこんな話をよく耳にするようにならないでしょうか。

「現場には慣れたんですけど、モチベーションが上がらなくて……」

多くの上司は心のなかでこう思います。

（よくある五月病だな。よし、彼の先輩の話をするか。いや、ここは一発、おれの体験談を……）

部下がまだ話をしている最中なのに、自分から何を話そうか、そのことをずっと考えてしまいます。

そして、途中で話をさえぎって自分がしゃべり出すのです。

「いいか、モチベーションというものは、そもそも自分で上げていくものなんだ。おれも新人の頃は……」

話のなかに解決策があるのかもしれません。けれども部下は、

「また、はじまったよ。もう相談するのはやめておこうかな」

と感じてしまいます。

当然のことながら、部下の本音を聞き出すことはできないでしょう。

職場においては、「部下は本音を言わない」ということを前提にコミュニケーションをとるべきです。

部下は、とくに上司には「本音を言いたくない」と思っています。本音を言うか言わないかについては、環境が影響しています。けっして部下の性格によるものではありません。

否定がない環境であれば、人は本音を言います。

否定されそうだと思うと、本音を言うことができなくなります。

上司が「否定するまい」と思っていても、それは関係ありません。

部下が「否定されそうだ」と感じてしまったら、部下は本音を言いません。

だから、部下の話をしっかりと最後まで聴きましょう。途中で口を挟んではいけません。

自分の答えを持たないで最後までしっかり話を聴くのです。

上司が自分の答えを持たずに、部下の話を最後まで聴くことができたら、結果はきっと変わってくるはずです。

部下「最近モチベーションが上がらなくて……」

上司「そうか、モチベーションが上がらないのか。自分では何が原因だと思う?」

部下「いや、仕事自体には慣れたんですけど……朝起きても会社に行こうという気分にならないんですよね」

上司「そうか、そういうときってあるよな。それって、職場だけの問題にかぎらないと思うんだけど、何か思い当たるふしってない? この先の業務のこととか、チームメンバーがどう思うかとかは考えなくてもいいんだよ。いっしょに原因を探りたいんだ」

部下「じつは……母が病気で入院してしまって」

真面目な部下ほど、会社でプライベートな話題を持ち出してはいけないと思っているものです。

プライベートが原因でモチベーションが上がらないのは、極めて自然なことです。

もっと言うと、プライベートな問題のほうが、職場の問題よりもメンタルに影響を与えるのではないでしょうか。それを受けとめてあげないかぎり、問題を解決することはできません。

上司「そうか、いま、お母さんはどうしているんだ？」
部下「何とか気をとり直して治療を続けています。じつは、すこしでも元気になってもらいたいと思って、毎日、仕事が終わったら病院に見舞いに行っているんです」
上司「そうか、偉いな。もし嫌じゃなかったら、お母さんの病気のこと、おれからメンバー全員に言っておくよ。だから、終業時間の18時になったら、すぐに病院にお見舞いに行きなさい。お母さんの力になってあげなさい」

上司がそこまで言ってくれたなら、その部下は終業時間まで一生懸命、仕事に取り組むはずです。

モノのためではなく、お金のためでもなく、心ではたらいている人が多い時代です。仕事の生産性が劇的に上がるのではないでしょうか。

自分の答えを持たずに聴くと、部下の本音を引き出すことができ、部下といままで以上につながることができます。

自分の答えを持ってしまう人には傾向があります。

ズバリ、「能力が高く、経験が豊富な人」、つまり「偉い人」ほど、しっかり他人の話を聴くことができません。

人生経験が豊かで、これまでたくさんの事例を見てきたという自信こそが危ないのです。

だから、自分に言い聞かせてください、「よく聴こう」と。

経験を積むことでスキルは上がります。

キャリアが長く、能力が高く、頭のいい人ほど自分の答えを持ってしまいます。これが落とし穴なのです。

ちなみに、部下の話を聴いているときに、自分なりの解決策が頭に浮かぶこと自体は問題ではありません。大切なのは、「頭に浮かんでも、それを口に出さない」ことです。

本当の原因に、部下自身がたどり着くまで、上司はしゃべってはいけません。

「部下が本音を語り出すまで話してはいけないんだ」

そう自分に言い聞かせてください。

!!!

部下の「声にならない声」を聴く

「聴く力」の3つ目の段階は、**「相手の『声にならない声』を聴く」**ことです。

難しそうに聴こえるかもしれませんが、なんとなくできている場面はあるのではないでしょうか。

たとえば、

「あっ、いま、この人はうそをついているな」

と、相手の口にしていることと思っていることが違うのではないか、と感じるときです。

表面的な言葉だけを受け取るのではなく、その言葉の裏にある真意を受け取ろうとしてほしいのです。

繰り返しますが、マクドナルド時代、東北エリアで店長として日本一の業績を上げたぼくは、東京エリアに引き抜かれてスーパーバイザーになりました。

そして、九州地区を担当していた藤本孝博さん（通称ボス）が営業本部長としてぼくの上司になりました。

東京エリアの営業本部長ということは、約400店舗を統括するのです（2005年当時）。

それは膨大な数で、1年かけても全店を回りきることはできません。

通例では、売り上げの高い店から順に訪問するのですが、ボスは違いました。社員もいない、アルバイトのスタッフだけで回しているような小さな店にふらりと立ち寄ったりするのです。

「ボス、こんな店に行くんですか⁉」

とぼくがたずねると、

「『こんな店』ってなんや？　ここで毎日、はたらいている子がおるんやぞ。なめとんのか。謝らんかい！」

と店に向かって頭を下げさせられました。じつに厳しい人でした。

ボスはしばらく店のまえに立って、スタッフのはたらきぶりをじっと見ていました。

そして、店内に入ると、40代前半ぐらいの女性アルバイトマネジャーに声をかけました。

「なんで社員になりたいと思ってるのに、言わへんのや」

その瞬間、彼女はポロポロと涙をこぼしはじめました。

「思ってるとおりに生きたらええやないですか」

ボスは優しくひと声かけて、店を出ていきました。

「よし、嘉人。次の店に行く」

ぼくは何が起きたのかわからなくなり、ボスに聞きました。

鴨頭「えっ、ボス。ちょっと待ってください。この店、以前にきたことあるんですか？」

ボス「あるわけないやろ」

鴨頭「えっ？　じゃあ、あのスタッフさんに会ったことがあるんですか？」

ボス「だから、あるわけないやろ！」

鴨頭「じゃあ、なんであの人が思っていること、わかったんですか？会ったこともないし、会話もしたことがないのに」

するとボスは答えました。

ボス「ええか、嘉人。部下の『声にならない声』を聴けるようにならんと、上司はお払い箱やで」

ぼくは衝撃を受けました。

部下が言っていることだけを聞いているようなやつは、いらないと言われたのです。

「部下が言えないこと、内に秘めている声を聴くことができてこそ、上司は必要とされるんだ」

と言われたのです。

ぼくはそういうふうに考えたことがありませんでした。

ぼくは、コミュニケーション能力の高さが評価されてスーパーバイザーになりました。自分の能力に自信を持っていました。

でも、その自信が見事に打ち砕かれた瞬間でした。

「おまえなんかいらんねん」

とボスに言われたような気がしたのです。内なる声を聴けないようなやつは必要ない。

ぼくはこの日から、部下の声にならない声を聴くトレーニングをはじめました。

キヤノン電子の酒巻久《さかまきひさし》会長は、自身の著書『見抜く力 リーダーは本質を見極めよ』（朝日新聞出版）のなかで、

「社員の背中を見れば、社員の状態はわかる」

とおっしゃっています。

1日のなかで、もっとも社員の緊張が高まるのは出社したときです。反対に、一番緊張感がなくなるのは終業の直前。そのときがチャンスです。

言葉にはしないけれども、部下の体のどこかに本音があらわれる、それを見つけ出すトレーニングをするのです。

「お先に失礼します」

職場をあとにする部下の後ろ姿を見て、

「あれ？　何か自信を失うような出来事があったんだろうか」

「何か気に触ることがあったんだな」

など想像力をはたらかせながら、声にならない声を聴くトレーニングを積みます。

無意識のうちに人は体のどこかで自分の思っていることを表現します。それを見逃さないようにして、部下の心を見抜くのです。部下の背中を見つめながら、想像するのです。

このトレーニングは毎日実践してください。日々続けることで、だんだんと身についていくものです。

!!!

心の声を聴く具体的なトレーニング方法

部下の声にならない声を、マンガのひとコマのようにとらえることをおすすめします。

つまり、フキダシで考えるのです。

たとえば、部下に書類のコピーを頼んだとしましょう。

「田中くん、ちょっとコピーとってきて」

「はい、わかりました」

そう言ってコピー機に向かった田中くんの後ろ姿を見て、田中くんのモノローグのフキダシを想像するのです。

田中くんが発した言葉は、「はい、わかりました」

でも、田中くんが資料のコピーを命じられて感じたであろうことを想像します。

つまり、田中くんのモノローグのフキダシのなかに、どんな言葉が入るかを勝手に想像するというトレーニングです。

（なんでおればっかりに雑用をやらせるんだよ。新人の山田がいるじゃないか。それなのに、なんでおればっかり、いつも小間使いなんだよ）

そんな心の声を、自分で想像するのです。

たとえ相手が言葉として発していなくても、トレーニングを続けていると、ほんとうはこう思っているんだろうなということが、わかってくるようになります。

そのときに、アクションを起こすのです。

上司「田中くん。いつも会議の資料を君に頼んでいるの、なぜだか話したことがあったっけ？」

部下「いえ、教えてもらったことないです」

上司「ああ、ごめんごめん。ちゃんと言ってなかったね。田中くんって、ホチキスのとめ方や、書類のそろえ方がきれいだし、ぼくが指示したわけでもないのに、抜けているページがないか、ちゃんと確認してくれているよね。

会議の出席者の生産性が落ちないように陰で支えてくれる、そう感じてるから、大事な会議のまえには信用できる田中くんに書類のコピーを頼んでいるんだよ。いつもありがとね」

トレーニングを積むと、こんなことが言えるようになるのです。これは、「声にならない声」を聴く力がないと出てこない言葉です。

部下が発した言葉は、「はい、わかりました」だけです。部下の「声にならない声」は、上司の想像です。

「喜んでいる」とか「イライラしている」など、部下の感情を文字にしているだけでは、鮮明になりません。

部下の頭のなかのセリフを思い浮かべてください。すると、だんだんとわかってきます。

もちろん、間違えることもあります。いつもピタリと当てはめるのはかなり困難です。

でも、それでいいんです。

部下の頭のなかに浮かんだであろうセリフを考えるようになると、部下の気持ちにすこしでも寄り添えるようになるのです。

部下の気持ちを考えるようにしないと、部下の気持ちがわかるようになる日は訪れません。

「声にならない声」を聴く力は、想像力に近いです。自分で鍛える以外に方法はありません。

たとえば、お客さまの会社に自社製品の営業に行ったとしましょう。

仕様説明からコストや納期の説明がひととおり終わり、お客さまが「いいですねえ」と言った瞬間、お客さまのセリフを想像するのです。

（でもなあ、この資料だと、うちの部長は首を縦に振らないだろうなあ）

そのとき、すかさずこう言えばいいのです。

「資料についてはいかがでしょうか。現状のもので社内稟議《りんぎ》は通りそうでしょうか」

自分の思っていたことを相手が言葉にしてくれると、コミュニケーションは劇的にスムーズになります。

お客さまとの関係も、部下との関係も劇的によくなります。

「声にならない声」を聴くトレーニングは想像することです。考えるだけでいいのです。

間違えたっていいのです。

とにかくトレーニングをしましょう。

!!!

自発的に動く部下を育てるには

「上司に言われたからやっているんじゃない。私がやりたいんだ！」
「お客さまの笑顔のために、いま自分ができることを考えて行動しよう！」

そんな人が集まる理想的なチームをつくる方法があります。
そのベースとなる考え方のひとつが、心理学者マズローが提唱した**「欲求5段階説」**です。

マズローの欲求5段階説をひと言でいうと、

「人間は下の段階の欲求が満たされると、上の段階の欲求を求めるように

なる」

　というものです。

　たとえば、**睡眠欲や食欲などの「生理的欲求」が満たされると、今度は、死にたくない、傷つきたくないなどの「安全欲求」を求めるようになります。**

　いまの日本では戦争がないので、一般的に「物質的欲求」と呼ばれているこの下位の２段階、生理的欲求と安全欲求は基本的に満たされています。

　われわれ日本人は、「精神的欲求」を満たそうとする段階にいます。

　つまり、会社組織で考えるべきなのは「社会的欲求」「承認欲求」「自己実現欲求」の３つ。

物質的な欲求ではなく、精神面での欲求です。

まず**「社会的欲求」**ですが、**「社会やコミュニティーの一員である」と感じることで満たされます。**

これは会社員であれば、会社に所属していることで満たされます。

そこで、**上司がもっとも力を入れるべき部分は、「承認欲求」です。承認欲求が満たされた人は、その上の「自己実現欲求」のレベルに、おのずと進んでいくからです。**

つまり、承認欲求を満たすことで、自発的に動き出す自立した人材を育成することができるのです。

上司のするべきことは、部下の承認欲求を満たすことです。

承認の達人となり、部下と良好な関係を築くためには、5つの**「承認**

力」を知り、使いこなすことが重要です。

この5つの承認力を手にすると、どんな部下でも自立型人材に育ててあげることができます。

まず、ひとつ目は、**「結果承認」**。

これは、一般的な「褒める」をイメージしてもらえば問題ありません。

結果が出たので承認するということです。

たとえば、上司の、

「今回の社内コンテスト、トップだったね！」

といった褒め言葉に、部下は、結果をきちんと見てくれているんだな、と感じます。

男性の部下は結果承認を喜ぶ傾向にあります。

ふたつ目は、**「プロセス承認」**。**結果が出るに至ったプロセスを承認します。**たとえば、

「社内コンテスト、トップだったね！　その結果が出せたのって、ロールプレイをがんばっていたからだよね」

というように、なぜトップをとれたのかというプロセスを承認するのです。

３つ目は、**「行動承認」**。**部下の行動そのものを承認します。**たとえば、

「社内コンテストのロールプレイ、毎日がんばっていたよね」

という言い方です。

プロセス承認と同じでは、と感じる方もいらっしゃるかもしれませんが、このふたつには大きな違いがあります。

行動承認は、結果が出なくても行動を承認します。

プロセス承認は、社内コンテストで結果を出した部下におこないますが、行動承認する場合は部下がコンテストで負けているケースも含まれます。

結果が出ていないけれども承認するのです。

それによって部下は、自分がアクションを起こしたときに上司は見てくれていると感じます。

!!!

「部下を承認する」ことが上司の仕事

4つ目は、**「意識承認」**。

これは、**部下の意識を承認します**。

ここでは社内コンテストではなく、事務所にほうきが置きっぱなしになっていた場面を想像してください。

ほうきが廊下に置かれていて、でも、掃除された形跡はない。承認力のレベルが深まっていない上司であれば何と言うでしょうか。

「だれだ、ほうきを置きっぱなしにしたのは？　掃除するか片づけるか、どっちかにしろよ」

ところが承認レベルの高い上司は違います。

上司「ほうきを置いたの、だれ？」

部下「あっ、ぼくです。すいませんでした」

上司「掃除しようとしていたんだね、偉いね！」

これは、部下の失敗はさておき、やろうとしたことを承認しているのです。

すこし極端な例を出しましたが、意識承認をすることによって、部下は意識しただけでも気づいてくれると感じます。

5つ目は、**「存在承認」**。

ただ部下がそこにいるだけで承認します。

「今日もきてくれてありがとう！　君がいると元気がもらえるよ！」

部下は出社しただけ。それでも承認する。すると部下は、いつも見てくれていると感じます。

この5つの承認力で大切なことは、「承認のハードルを下げる」ということです。

つまり、できるだけ低いレベルで承認していくのです。

承認は「量」が大事なのです。いちど承認しただけで、劇的に部下が変わることはありません。

とにかく部下を承認する機会そのものを増やすのです。

そしてもうひとつ重要なのが、部下を承認する場面に「気づく」ということです。上司が承認すべきタイミングを逃すと、承認する量は増えません。

最初は違和感があるだろうと思います。

部下が出社しただけで、「今日もきてくれてありがとう」とは、なかなか言い出せないと思います。

でも、新しいことをはじめるときには違和感がつきものです。

違和感がないのであれば、じつはそれは変化が起きないのと同じことです。

部下を承認するのが上司の仕事です。

部下の育成とチームのパフォーマンス向上、部下にとって気持ちよくはたらける環境づくりをすることが上司の仕事です。

部下のことをよく見ましょう。

部下を承認するシーンをたくさん見つけましょう。できることなら、部下を承認する場面を自分でつくり出しましょう。

!!!

「承認」とは心の報酬

管理職向けの研修では、かならず先ほどの5つの承認力の話をします。すると、ほぼ毎回、受講生からこんな質問を受けます。

「部下を叱ってばっかりいてはだめだということがわかりました。これからは、部下を褒めて育てていこうと思います。ただ、褒めてばかりいても緊張感のない職場となってしまう気がするのですが……褒めることと叱ることのバランスは、どのようにとればよいのでしょうか」

ぼくはこのような質問がきたら、必ずこう答えます。

「部下を褒めて育てるべきか、厳しく叱って育てるべきかと考えがちですが、大切なのは、あくまでも『承認すること』です」

このように答えると、ほとんどの受講生は混乱しますが、ぼくはそのままこのように説明を続けます。

「部下を褒めることは、かならずしも承認することではありません。褒めることと承認することには違いがあります。ここで押さえておくべきポイントは、『関わりあい方』です」

承認とは、「褒める」ことでも、愛情を持って「叱る」ことでもありません。

承認とは、人と人との関わりあいから生まれるものです。

「褒める」と「叱る」は、スペシャルなシチュエーションなのです。

「褒める」とは、部下が結果を出したときの特別なコミュニケーションです。

「叱る」とは、部下がやってはいけないことをやったときの特別なコミュニケーションです。

そして「承認」とは、日常のコミュニケーションのことを指します。承認をわかりやすく言い換えると、「見てくれていると感じること」です。

上司が自分のことを「見てくれている」と感じている状態が、承認されているということです。

たとえば、モノが売れない営業マンがいたとしましょう。まったく成約がとれていないときにも、

「だいじょうぶだ。最初から結果が出る社員はひとりもいない。おれだっ

てそうだった。君の先輩たちもみんなそうだった。最初はどうやったらいいかわからないから、みんなつまずくんだ。だから、いまは目のまえのこと、先輩や上司に言われたことを信じてコツコツやっていけ。おれは君のことを、ちゃんと見てるからな」

と言ってくれる上司がいた。

毎日、コツコツ努力を積み重ねても、やはり結果はなかなか出ない。それでもたまに、「ちょっと付き合え」と言って、その上司は飲みにも連れていってくれた。

「おまえには営業のセンスがある。15年、人を育ててきたおれが言っているんだから間違いない。もし、いまの自分が信じられないんだったら、おれを信じろ」

うまくいっていないときにも言い続けてくれた。そして、やっと結果を

出せるようになったとき、その上司が、

「おまえならやれると思っていたよ」

と褒めてくれたらどうでしょうか。涙が出るほどうれしいのではないでしょうか。

そして努力が実を結び、営業成績でトップをとり続けて数カ月がたったある日、ちょっと気を抜いてお客さまからクレームを受けてしまった。そのとき、いままでずっと承認してくれていた上司から、

「どうした？　おまえはそんなことをやるやつじゃないだろ。結果が出るようになったからといって気を抜くんじゃない！」

と叱られたら、どう思うでしょうか。

上司の言葉が心に刺さり、叱られたことを、上司からの愛だ、と感じるのではないでしょうか。

本書をお読みのあなたのまわりにも、このような上司がひとりはいるのではないでしょうか。

厳しく叱られ続けたけれど、あの人のおかげでいまの自分がある、そう思える人。

その人は、あなたのことを見てくれていたのです。

あなたのことを承認してくれていたから、あの人のおかげでいまの自分がある、そう受けとめることができるのです。

逆のパターンを考えてみましょう。

普段から自分のことを見てくれていない上司が急に叱ってきたら、部下はどう思うでしょうか。

「何やってるんだ、おまえ。お客さまとの約束は守れって言っただろう。信頼関係をつくることが仕事をするうえでの大前提じゃないのか」

普段、自分のことを見てくれていない上司からこんなことを言われて、その言葉を素直に受け取れるでしょうか。表面上は受け取ったように見せても、きっと心のなかでは、

「何言ってるんだよ。現場のことを何も知らないくせに」

と思っているでしょう。

普段、見てくれていると思っていないから、叱られてもその言葉がまったく響かないのです。

では、今度は結果を出したとき、普段自分のことを見てくれていない上司から、

「やればできるじゃないか！」

と褒められたらどう思うでしょうか。

「結果が出たときだけ調子のいいこと言わないでくれ」

と、やはり心の底から喜ぶことはできないでしょう。

日常のコミュニケーションがとれていなければ、この承認という土台がしっかりと形成されず、叱っても響かない。

褒めても喜ばれないのです。

「褒める」と「叱る」はスペシャルなシチュエーションです。特別なときだけの関わりあいです。

「承認」は日常です。

部下との関わりあいの量をとにかく増やして、きちんと承認していれば、特別なときには褒めてもOK、叱ってもOKです。

しっかりと見てくれていると感じる上司に、これをやられると、逆に部下はシビレます。

普段からしっかり見てくれていると感じている部下は、上司の言葉すべてを素直に受け取ることができるのです。

特別なときに、褒めたり叱ったりはだれにでもできます。上司が意識すべきなのは「日常」です。

日常は特別なことが起こらない地味な時間です。だから多くの人が軽視してしまいます。

でも、日常の関わりあいが積み重なったぶんだけ、特別なときに、よりコミュニケーションが深まります。

「おまえならやれると思っていた」とひと言伝えるだけでグッと実力や成績が伸びたり、「何やってるんだ！」とビシッと叱った瞬間に態度を改めるようになります。

「私は部下のことをしっかり見ています」

と上司が思っているだけでは、まったく意味がありません。

承認とは、「見てくれているると感じている」ことです。「感じている」のは、部下なのです。

だから、上司が「見ている」と思っていてもだめです。部下が「見てくれている」と感じていないとだめなのです。

では、どうやったら部下が「見てくれている」と感じるようになるのか。

それは、「わざわざ言葉にして伝える」ことです。

(あっ、今日もちゃんと出社したな)

と心のなかだけで思っていてはだめです。

「今日もきてくれてありがとう」

と言葉にして伝えなくてはだめなのです。

笑顔で声をかけましょう。名前を呼んで会話をするのです。表現しなければ伝わりません。

上司の仕事は、部下を承認することです。日常の承認こそが、コミュニケーションの土台になるのです。

スペシャルなシチュエーションは、定期的に表彰するなど会社の仕組みにしてしまえば、簡単にできてしまいます。でも承認は、日常的に気を遣って表現するほかありません。

上司が部下をよく見る習慣をつくりましょう。

部下を承認する文化をつくるのです。

文化は仕組みではつくれません。ひとりひとりが意識を変えて、行動を変えて、ひとつずつ積み上げていくのです。

!!!

心の報酬で部下を満たす

承認とは、「見てくれていると感じている」ことです。
上司が「見ている」と思っていても、部下が「見てくれている」と感じていないとだめなのです。

けれども当然、個人差はあります。承認されていると感じやすい人もいれば、そうでない人もいます。

承認されたとしても、それを素直に受け取れる人もいれば、そうでない人もいます。

声をかけるタイミングだって大切、人それぞれです。

では、いったいどうすればよいのでしょうか。

ぼくは研修などで質問を受けると、かならず次の話をしています。マクドナルドでの経験や、研修で出会った方々の事例から、あることがわかったのです。それが、

「人はみんな、心のなかに承認のバケツを持って生まれてきている」

人は承認されると、心のなかの承認のバケツに水が注がれ、徐々にたまっていきます。

承認のバケツが満たされている状態だと、ほかの人を気遣うことができるようになります。

逆に、承認のバケツが空っぽだったら、相手を承認する心の余裕は生まれてきません。

それどころか、いつもだれかを責めてしまったり、悪いことが起こるとだれかのせいにしてしまいます。

この承認のバケツには、黄金水をジャバジャバ注ぐホースのようなものはありません。

いっぺんにはたまらないようにできています。

この承認のバケツの底に穴が空いている人もいます。注いでも注いでも、水が漏れてしまう。

親などの身近な人から愛された記憶を持たない人の場合が多いのです。

穴を空けたのは、愛されなかったという事実ではなく、愛されなかったという記憶です。

記憶が残っているかぎり、会社の人に褒められても自分を認めることができません。

「自分をうまいこと利用しようと思って言っているんでしょう。上司なんてそういうものだから」

悲観的になって、承認を受け取れなくなってしまっている人がたくさんいます。

そんなときは、水を注ぎ続けてあげてください。

残念ながら、バケツの底の穴を修理することは簡単ではありません。

だから、**注ぎ続けるのです**。

ひとりで足りなければ、大勢で注ぎ続けてください。漏れていく以上の量を注ぎ続ければ、いつかバケツは水で満たされます。

あなたのまわりにだれかを責めてばかりいる人や、いつもだれかのせいにしている人がいたらこう思ってください。

「あっ、承認のバケツが空っぽなんだな」

そういう受け取り方をしてください。

「あいつは人を責めたり、人のせいにするような性格なんだ」

とその人を批判するのはもうやめましょう。

「承認のバケツが空っぽなんだな。よし、水を注いであげよう」

存在を承認してあげたり、意識したことを承認してあげたり、行動を承認してあげるのです。

たとえ少量でも、相手の承認のバケツに水を注ぐのです
そしてもうひとつ。承認のバケツのなかに水がたまっても、その人の行動は変わりません。

承認のバケツが20％しかたまっていない状態から、80％まで満たされたとしても、表情や言動は変わりません。

変わるのは、バケツの水があふれた瞬間です。その瞬間、急に変わります。

だから、**バケツの水があふれる日を信じて、みんなで寄り集まって注ぎ続けるしかありません。**

このことを知って水を注ぎ続けるのと、知らないでやっているのとでは

大きな違いが生じます。

知らないと、注いでいる側がイライラするのです。

「こんなに承認してやってるのになんなんだ。あいつは恩知らずなやつだ」

と思ってしまいがちです。

「いろんな人が承認し続けたのに、それでも変わらないのはあいつの問題だ」

自分の思いがなかなか報われなければ、イラだちを感じても仕方ありません。

でも、いつかあふれるときがくると信じて、水を注ぎ続けてください。

すこしずつ水はたまっていきます。

信じて信じて、信じ抜いて水があふれた瞬間、思いもよらないほどに人は変わります。

別人というぐらいにキラキラ輝き始めます。

仕事ができるようになるどころの話ではありません。

自分のことが大好きになって、その人の人生が変わります。

その瞬間を信じて、注ぎ続けてみませんか。

心の優しさや思いやりは、相手にプレゼントしても減ることはありません。

それどころか、人に優しくすると、もっともっと優しくなれるのです。

人に優しくしたら自分の優しさがどんどん減っていって、だんだん暗い気持ちになるなんてことはありません。

だから、だれも損をしないのです。

お金は相手に渡したら自分の懐から減っていきますが、心の報酬は違います。与えれば与えるほど増えていくのです。

承認のバケツは目には見えません。いま、どこまで水がたまっているのか知ることはできません。

だけど、信じて注ぎ続けましょう。

自分の答えを持たずに話を聴き、内なる声を拾うべく洞察力を発揮して、5つのステップで承認してあげてください。

これに集中すると、**心の報酬としての黄金水を注ぐことができます。**

完璧である必要はありません。

努力し続けることが大切です。承認には、人の人生を変える力があるのです。

おわりに

最後までお読みくださって本当にありがとうございました。

いかがでしたでしょうか？

本書を手にとってくださったことで、人生を豊かにするヒントを得て、幸せになる人がひとりでも増えることを願いながら、ペンを置きたいと思います。

最後になりましたが、今回の出版にあたりサポートをしていただいた宝島社の九内俊彦さん、形部雅彦さん。かも出版の木本健一さん。

皆さまの支えがあってこの本は誕生しました。ほんとうにありがとうございました。心より御礼申し上げます。

鴨頭 嘉人

鴨頭 嘉人（かもがしら よしひと）

高校卒業後、東京に引越し19歳で日本マクドナルド株式会社にアルバイトとして入社。4年間アルバイトを経験した後、23歳で正社員に、30歳で店長に昇進。32歳の時にはマクドナルド3300店舗中、お客様満足度日本一・従業員満足度日本一・セールス伸び率日本一を獲得し最優秀店長として表彰される。その後も最優秀コンサルタント・米国プレジデントアワード・米国サークルオブエクセレンスと、国内のみならず世界の全マクドナルド表彰を受けるなどの功績を残す。

2010年に独立・起業し株式会社ハッピーマイレージカンパニーを設立（現：株式会社東京カモガシラランド）。

人材育成、マネジメント、リーダーシップ、顧客満足、セールス獲得、話し方についての講演・研修を行う、日本一熱い想いを伝える炎の講演家として活躍する傍ら、リーダー・経営者向け書籍を中心に19冊（海外2冊）の書籍を出版する作家としても活躍。さらには「良い情報を撒き散らす」社会変革のリーダーとして毎日発信しているYouTubeの総再生回数は2億回以上、チャンネル登録者数は100万人超、日本一のYouTube講演家として世界を変えている。

■公式HP　https://kamogashira.com
■YouTubeチャンネル　https://bit.ly/kamohappy
■Voicy　https://voicy.jp/channel/1545
■Instagram　https://bit.ly/kamogram
■公式LINE　https://bit.ly/kamobon

装丁／小口翔平＋三沢稜（tobufune）
本文デザイン・DTP／株式会社ユニオンワークス
編集協力／木本健一（かも出版）、高橋ヒカル
編集／九内俊彦、形部雅彦

稼げる話術

2021年3月26日　第1刷発行

著　者　　鴨頭嘉人
発行人　　蓮見清一
発行所　　株式会社宝島社
〒102-8388
東京都千代田区一番町25番地
電話・営業　03-3234-4621
編集　03-3239-0926
https://tkj.jp
印刷・製本　サンケイ総合印刷株式会社

ISBN 978-4-299-01491-7

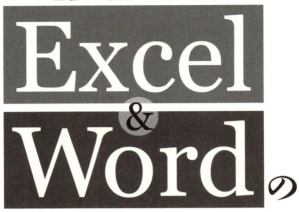

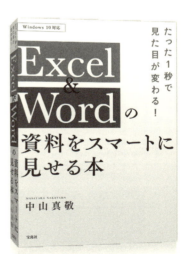